인문학을 하나님께

인문학을

한재욱 지음

Humanitas   To GOD

하나님께 1

규장

예수 그리스도를
만나는 접촉점

전 세계적으로 인문학 열풍이 불고 있고, 우리나라도 예외는 아닙니다. 이런 시대적 흐름 속에서 특별히 극동방송에서 3년 전부터 〈인문학을 하나님께〉라는 코너가 신설되어 한재욱 목사님이 성경적인 해석을 바탕으로 인문학을 다루어주셔서 좋은 반응을 얻고 있습니다.

이제 또 하나의 열매인 《인문학을 하나님께》 출간이 한국 교회가 인문학에 대한 관심을 더욱 높이는 계기가 될 것이라 확신합니다.

무엇보다 이 책을 읽는 사람들마다 인문학의 주인공이자 정답이신 예수 그리스도를 만나게 되고, 이 책이 그런 접촉점이 되길 간절히 바랍니다. 《인문학을 하나님께》 출간을 진심으로 축하드리며, 기쁜 마음으로 추천합니다.

김장환 ㅣ 목사. 극동방송 이사장

지성을 넘어 영성으로
인도하는 작은 씨앗

나무를 분석하고, 떨어지는 사과를 보고 만유인력의 법칙을 발견하는 사람을 '과학자'라고 합니다. 나무를 보고 시를 쓰고 노래하는 사람을 '시인'이라고 합니다. 나무를 보고 나무를 존재케 한 이, 나무를 만든 자를 찬양하는 사람을 '신앙인'이라고 합니다.

과학자들은 우리의 삶을 편안하게 해 줍니다. 시인들은 우리가 인간임을 느끼게 해 줍니다. 신앙인은 존재의 근원을 제시해 줍니다. 존재하는 것은 눈에 보이지만, 그것을 존재하게 하는 것은 눈으로 볼 수 없습니다.

그것은 마치 꽃과 달과 별은 눈에 보이지만, 꽃을 피게 하고 달과 별을 떠 있도록 만드는 건 볼 수 없는 이치와 같습니다. 보이지 않는 이 본질을 보는 눈을 '믿음'이라고 합니다. 그래서 신약성경 히브리서 11장 3절에는 이런 말씀이 있지요.

> 믿음으로 모든 세계가 하나님의 말씀으로 지어진 줄을 우리가 아나니 보이는 것은 나타난 것으로 말미암아 된 것이 아니니라 히 11:3

인문학은 본질에 대한 끝없는 의문을 제시하며 지성을 낳았습니다. 그러나 믿음은 영성을 낳았습니다.

인간은 서로 아무리 다가서도 빈틈이 생깁니다. 전위적인 화가 마르셀 뒤샹은 그것을 '앵프라맹스'(inframince)라고 불렀습니다. 아무리 악수를 하고 뜨거운 포옹을 해도 어쩔 수 없이 너와 나를 가로막고 있는 틈새를 발견하고 안타까워 합니다.

비단 인간관계뿐만이 아닙니다. 인간이 만물을 끌어안으려 해도 어쩔 수 없는 틈이 있습니다. 이 간격은 하나님만이 메꿀 수 있습니다. 이것이 바로 초월의 힘이요 영성의 힘입니다.

한재욱 목사님의《인문학을 하나님께》출간을 축하드립니다. 한 목사님은 "인문학은 땅의 신음"이라고 했습니다. 본질과 근원을 애타게 찾으려 하지만 찾지 못하는 신음, 존재의 뿌리를 발견하지 못한 채 그저 그렇게 살아야 하는 신음. 이 아름다운(?) 신음이 인문학이고, 인문학으로서도 어쩔 수 없는 틈을 하나님만이 채울 수 있다는 영성을 말했습니다.

이 책이 우리 모두에게 있는 어쩔 수 없는 존재의 틈들을 메꾸며, 지성을 넘어 영성의 세계로 인도하는 데 작은 씨앗이 되기를 기원합니다.

이어령 ㅣ 초대 문화부 장관

감사의 글

인간의 이야기, 인간의 무늬 인문학. 그런데 인간은 하나님의 형상을 따라 창조되었습니다(창 1:26). 따라서 인간을 알려면 하나님을 알아야합니다. 사람 이야기로 가득해, 어찌 보면 하나님과 다른 길을 가는 것같은 인문학도 결국은 하나님 안에 있을 때 제 길을 찾게 됩니다.

부족한 자가 그간 방송해 왔던 인문학 이야기와 칼럼을 모았습니다. 신앙으로 바라본 인문학 이야기입니다. 부족한 글이지만, 세상에 하나님을 소개하는 귀한 접촉점으로 사용되어지길 기도합니다.

책 출간에 앞서 우주 만물의 주인이시고, 우리 삶의 주인 되시며, 인문학의 주인이신 하나님께 감사드립니다. 사랑하는 부모님과 아내, 두 아들 현수, 윤수 그리고 하늘 가족인 강남비전교회 성도들께 감사합니다. 또한 신앙계의 큰 스승이신 김장환 목사님, 문학계의 큰 산 이어령 박사님, 격려를 주신 극동방송 한기붕 사장님, 〈인문학을 하나님께〉를 같이 시작하고 진행한 송옥석, 박진탁, 남현용 PD께 감사드립니다.

또한 믿음의 동역자들인 권혁만 KBS PD(손양원, 주기철 목사 다큐영화 감독), 이상호 SBS PD(SBS 기독신우회 회장), 안정환 아시아투데이 기자(한국기독언론인 연합회 총무)께 감사합니다. 문서 선교의 자리를 마련해주신 규장출판사에게도 감사를 드립니다.

인문학의 주인은 하나님, 인문학을 하나님께!

한재욱

CONTENTS

3 괜찮아! 내가 함께한다

—

우리가 원하는 것이 무엇인지를 모르는 것이 가장 큰 문제이다

1

Humanitas To GOD

인문학의
주인 ,
하 나 님

CHAPTER 1

「거리로 나온 인문학」

──────── 문학, 역사, 철학, 예술. '인문학'은 더 이상 대학 강단에서만 접할 수 있는 단어가 아니다. 거리로 나온 인문학은 이제 시장 구석구석을 지나 우리 집 안방까지 들어와 있다.

우리가 일상생활에서 가장 많이 접하는 광고들을 보자. 많은 기업들이 제품에 스토리를 입힌, 이른바 '스토리텔링'이라는 감성 마케팅을 추구하고 있다. 이들은 더 이상 제품에 대해 설명하지 않는다. 제품에 인문학적 요소를 가미시켜 '스토리'로 감동을 준다. 그래서 거리를 걸으며 간판들을 볼 때, 집에서 TV를 켤 때, 우리는 이미 수많은 인문학 이야기를 듣고 있는 것이다.

동네 문화센터마다 인문학 강좌가 넘쳐 난다. 서점에 가보면 더하다. 인문학적 지리학, 인문학적 요리, 인문학적 여행, 인문학적 패션, 디지털 인문학…. 인문학의 옷을 입은 다양한 분야의 책들이 쏟아져 나와 있다.

그렇다면 대체 '인문학'이란 무엇일까?

이 질문에 답하려니, 대학시절 모 철학 교수님이 하시던 말씀이 생각난다.

"내가 평생 받은 질문 중에서 제일 답하기 힘들었던 질문은 '철학이 무엇인가?'라는 것이었다."

평생 철학을 공부하신 그분에게 '철학이란 무엇인가'라는 질문이 가장 어려웠다는 말이다. 마찬가지로, '인문학이란 무엇인가?'라는 질문이 인문학을 전공한 사람들에게는 제일 어려운 질문일 수 있겠다. 그래서인지 학자들이 내놓은 견해들도 저마다다르고, 간단하게 '인문학이란 문학, 역사, 철학'이라고 대답하기엔 목이 마르다. '인문'과 '인문학'은 차이가 있으며 '인문학'과 '휴머니즘'에도 차이가 있다. 인문학자들의 전문적인 활동뿐 아니라, 우리가 뿌려 놓은 모든 삶의 흔적이 인문이기도 하기 때문이다.

인간다움에 대한 탐구

그렇다면, 인문학에 대해 풀어놓은 글들을 먼저 찾아보자. 동양에서는 《주역》(周易) '분괘'(賁卦)의 단사(彖辭)에 처음 '인문'이라는 말이 등장한다.

"觀乎天文 以察時變 觀乎人文 以化成天下"

(관호천문, 이찰시변, 관호인문, 이화성천하)

'천문을 살펴서 때의 변화를 관찰하고, 인문을 살펴서 천하의 교화를 이룬다'라는 뜻이다. 여기서 '문'(文)이란 '글자'를 의미하는 것이 아니라 '문양' 즉 '무늬'를 의미한다. 무늬는 어떤 사물이 가지고 있는 고유한 속성이 드러난 것이다. 즉 하늘에도 고유한 무늬가 있고(천문[天文]), 땅에도 땅이게끔 하는 고유한 무늬가 있으며, 사람도 사람이게끔 하는 고유한 무늬(인문[人文])가 있다는 것이다. 해와 달과 별도 조화롭고 질서 있는 무늬가 있어 하늘이고, 산천초목도 무늬가 있어 땅이며, 인간도 '인간의 무늬' 즉 인간의 도리인 '인문'이 있어 인간일 수가 있다는 생각이다. 그러니 인문이 없으면 인간은 짐승과 다름이 없는 존재가 되는 것이다.

창세기를 보면 하나님이 천지만물을 창조하신 후 이렇게 기뻐하셨다고 나온다.

"보시기에 좋았더라!"(와야르 키 토브)

지음을 받은 천지만물이 각자의 무늬로 하나님의 위대하심을 보여 주었고, 하나님이 그것들을 보시니 좋았다고 해석할 수도 있을 것이다.

이렇듯 동양 전통적 맥락에서의 인문학은 '인간에 대한 학문'이고, 인간의 무늬가 퇴색하지 않도록 하는 '인간다움'에 대한 탐구를 목적으로 하는 학문이다. 그래서 '인문학의 위기'라는 말은 인문학을 이루고 있는 문학, 역사, 철학이 인기가 없어졌다는 의미가 아니라, 인간으로서 갖추어야 할 인간다움의 무늬가 없어졌음을 의미한다.

스투디아 후마니타스

서양적 전통에서는 어떤가? 오늘날 우리가 쓰고 있는 '인문학'이라는 개념은 고대 그리스에서 처음 등장한다. 기원전 5세기의 그리스 철학자 플라톤은 아테네의 지도자를 양성하기 위해 최초의 대학인 '아카데미아'를 설립하고 인간됨의 본질을 교육하기 시작했다.

이 최초의 대학은 아테네 지도자들에게 인간됨의 본질인 '파이데이아'(Paideia)를 가르쳤다. 즉, 인문학의 고대적 개념은 '파이데이아'로서 처음에는 건전한 자유 교양 시민을 양성하기 위한 체육, 문법, 음악, 철학, 자연철학 등이 합쳐진 개념이었다.

현재 사용되고 있는 '인문학'(Humanities)의 어원인 라틴어 '후마니타스'(Humanitas)는 로마 공화정 말기의 사상가이며 법률가이자 정치가였던 키케로(Cicero)가 쓴 〈시인 아르키아스를 위한 변론〉에서 처음 사용한 말이다. 시인 아르키아스가 정치적 이유로 로마에서 추방당하게 되자 키케로가 그를 변호하면서 '후마니타스'란 개념을 처음 사용했다.

김상근 교수가 번역한 키케로의 변호 내용을 보자.

✤

(역사적인) 인물들은 탁월함(virtus)을 습득하고 훈련하기 위해 인문학의 도움을 받았습니다. 이런 공부는 젊은 사람들의 마음을 바르게 지켜주고, 나이 든 사람들의 마음을 행복하게 해줍니다. 이런 공부는 풍요로운 삶을 가져다줄 뿐만 아니라, 우리가 역경 속에 처해 있을 때 마음의 안식과 평화를 줍니다.[1]

역사적인 인물들이 탁월함을 얻었던 학문, 젊은이들의 마음을 지켜주고 노인들에게 행복을 주는 학문, 풍요로운 삶과 역경 시에도 마음의 안정을 주는 학문. 그 학문이 바로 '인문학'(후마니타스)이라는 것이다.

키케로가 굳이 나서지 않아도 될 재판에 나서서 아르키아스를 변호한 이유는, 그와 같이 인문의 일을 하는 시인을 추방해서는 안 된다고 여겼기 때문이다. 키케로는 '후마니타스'라고 이름 붙인 공부를 통해 인간의 본질적 풍요로움이 가능하다고 본 것이다.

이렇듯 인문학의 시작은 그리스 로마 시대에 교양 시민을 양성하기 위한 일반 교육을 의미했다. 그 후 인문학은 중세 시대에 침체를 겪다가 르네상스 시기에 와서 '신'과 대비되는 '인간'에 대한 관심으로 학문의 방향이 바뀌며 재탄생하게 된다.

르네상스는 상공인들의 부(富)를 기초로 흥왕했다. 상공인들은 자신들의 부를 이어가기 위해 현실과 동떨어진 듯한 중세의 신학, 법학, 의학보다도 더욱 실질적인 학문을 요구하게 되었다. 여기서 인간에 대한 학문이 나타난다. 중세 시대가 스콜라 신학으로 대변되는 '신의 학문'이었다면, 르네상스 시대의 인문주의자들은 '인간의 학문'이란 의미에서 '스투디아 후마니타티스'(Studia Humanitatis)란 개념을 도입했다. 여기서부터 인문학은 신 또는 미신으로부터 독립된 인간을 가정하고, 그것을 목적으로 하며, 인간 자체에 대한 탐구를 시작한다.

르네상스에 시작된 이 '스투디아 후마니타스'가 오늘날 우리가 말하는 '인문학'이라고 할 수 있다. 이렇듯 인문학은 파이데이아 → 후마니타스 → 스투디아 후마니타스로 개념이 형성되어 왔다.

18세기에 들어 영국과 프랑스 대학에서 교과 과정으로 이른바 문사철(文史哲, 문학·역사·철학) 인문학을 배우기 시작했다. 19세기 이전까지는 인문학 속에 자연철학, 즉 자연과학도 포함되었지만, 19세기 이후 근대에 들어 대학의 학제에서 인문학과 자연과학을 분류하기 시작했다. 현대의 인문학은 인간의 언어, 역사, 윤리, 상상력, 합리적 사고, 그리고 인간의 감정이 핵심이다. 즉 인간만이 가지는 것(인간의 고유성)에 대한 탐구와 교육이 인문학의 본질이 되었다.

인문학은 현대적인 학제 구분에서 하나의 학문이라 규정하기가 어렵고, 다른 모든 학문도 어느 정도 인문학을 포함하고 있다. 예를 들어, 과학 윤리, 의학 윤리, 생물학, 경제학, 경영학, 마케팅, 인사 관리, 리더십 등 거의 모든 학문에 인문학적 요소가 섞여 있다. 특히 4차 산업혁명 시대에 들어오면서 이른바 융합 인문학의 형태를 갖추어가고 있다.

인간됨을 탐구하다

자, 그렇다면 다시 질문해 보자.

"인문학이란 무엇인가?"

인문학에 관한 국내외 학자들의 수많은 정의들이 있다. 이어령 교수는 "나는 어디에서 왔는가, 나는 누구인가, 나는 어디로 가는가"라는 질문에 답하는 학문이 인문학이라고 했다.[2] 인문학에 대한 가장 쉬우면서도 본질적인 정의라 할 수 있겠다. 비단 인간 자신뿐 아니라 모든 만물들의 시작, 근원, 시초(원질, 아르케)에 대한 물음이 '철학함'의 시작이요, 인문학은 바로 이런 근원을 묻는 학문이다.

투명한 물컵에 젓가락을 넣으면 휘어져 보인다. 그러면 젓가락을 컵에서 꺼내 그 본질을 보고 싶어진다. 마찬가지로 이 세상에는 휘어져 보이는 것들이 많다. 인문학은 만물의 본질을 보고자 하는 치열한 사유 작용이다.

그렇다. 인문학은 다른 학문과는 달리 '본질'을 보려 한다. 이

점이 정말 매력 있다. 인문학은 인간에 대한 학문, 곧 인간에 대한 자기 인식의 과정이자 인간적인 것에 대한 열망이라는 자기 정체성을 가진다. 즉, 인문학은 '나는 누구인가?', '인간다운 삶은 무엇인가?'를 탐구하는 학문이다.

신학과 인문학의 조화로운 저공비행

신학과 인문학은 동행해야 한다. 이성복 교수는 시인이 시를 쓸 때, 저공(低空)비행적 자세를 가져야 한다고 했다. 땅에서만 빡빡 기는 물화(物化)된 시인처럼 추한 것은 없다. 하늘 높이 공중부양만 하고 있는 시인처럼 교만한 것도 없다. 적절한 높이로 떠 있어 땅을 볼 수 있는 저공비행! 신앙인도 하늘과 땅에 대해 저공비행적 자세가 필요하다.

신학은 하나님에 대한 학문이고, 인문학은 인간에 대한 학문이다. 이 둘은 동행할 때 온전해진다. 신학은 결국 하나님을 사랑함으로 인간에게 그 사랑을 전해야 하는 사명이 있다. 그런데 신학이 인간에 대한 학문인 인문학과 무관하다고 한다면 어불성설일 것이다. 하늘의 이야기와 땅의 이야기는 사실은 형제인 것이다. 하늘 높이 날아올라 일반 사람들이 알아듣지 못하는 신령한 말만 한다면, '그들만의 잘난 이야기'가 된다. 반면, 예배와 기도와 성경 말씀도 없이 땅의 이야기로만 가득한 성도가 있다면 그냥 '속물'일 것이다.

조화롭게 저공비행을 해서 하늘과 땅을 모두 머금어야 한다. 온전한 신앙인이라면 신실한 예배와 기도, 그리고 깊은 성경 통독을 하는 기본 하에서, 그 충만한 은혜가 전도와 선교, 구제로 이어져야 한다. 그런데 전도와 선교, 구제를 위해서는 무엇보다 인간과 땅을 더욱 이해하는 것이 필요하다. 이런 면에서 인문학은 땅에서 살아가는 인간의 탄식과 부조리, 환희 등을 이해하는 데 좋은 도움을 준다. 인문학은 하나님이 인간들에게 '일반 은총'으로 주신 세계를 잘 이해하게 해 준다.

사실 오래전부터 인문학과 신학은 좋은 동반자였다. 철학자 김영한 교수는 이 동반 관계를 이렇게 말했다.

🌲

초대 교부들, 저스틴, 이레네우스, 아우구스티누스 등은 성경 해석과 강해에 동시대의 헬라 사상을 섭취해서 기독교 사상을 하나의 세계관으로 제시하는 데 큰 공헌을 했다. 종교개혁 때 루터와 칼뱅, 부처와 멜랑히톤도 풍부한 인문학적 지식을 바탕으로 성경을 해석하고 강해했다. (중략) 종교개혁자 루터는 신학에 입문하기 전에 법학을 공부했고, 칼뱅 역시 법학을 공부했다. 법학은 인문학은 아니지만 법학의 배경 속에서 성경이 말하는 죄인의 칭의, 바울이 말하는 속죄함을 법정적 의로 이해하는 데 큰 도움이 됐다. 칼뱅은 《기독교강요》를 집필하기 전에 그의 인문학 공부 시절에 읽었던 세네카의 《관용에 관하여》라는 저서에 대한 주석을

쓰면서 신학을 위한 넓은 교양의 지평을 닦았다.³

좀 더 현대로 오면 세계적인 기독교 복음주의의 거장인 존 스토트 목사님이나 최고의 기독교 변증학자 중 하나인 C. S. 루이스도 그러하다. 이들은 모두 인문학을 열심히 공부했고, 인문학을 신학과 기막히게 접목시켰다.

무엇보다도 예수님은 유머 넘치는 땅의 언어를 사용하신 인문학적 언어 사용의 대가셨다.

예수께서 이 말씀을 마치시매 백성이 그의 가르치심에 놀라니 이는 그 가르치시는 것이 권위 있는 자와 같고 그들의 서기관들과 같지 아니함일러라 마 7:28,29

예수님의 말씀은 무언가 달랐다. 예수님은 그 말씀하시는 것이 당시 종교 지도자들인 서기관 같지 않았다. 두 가지 이유 때문이다. 첫째는 그 말씀이 하나님 아버지로부터 나왔기 때문이고, 둘째는 하늘의 음성을 유머와 해학이 넘치는 '땅의 언어'로 말씀하셨기 때문이다. 바리새인과 서기관들은 "나는 너와 달라!" 하면서 별나라에서나 가능할 것 같은 말을 썼다. 반면 예수님은 위트와 공감이 넘쳤다. 한마디로 '하늘의 음성을 땅의 언어로' 말씀하셨다. 그러기에 그 말씀이 힘이 있었고 권위가 있었고 짙은 공감이 있었다.

이상준의 《예수의 고품격 유머》에 이런 구절이 나온다.

✦

예수가 제자들에게 말했다.

"너희들은 결혼잔치에 초대받았을 때 상석에 앉지 마라. 만일 너희가 윗자리에 앉아 있는데 더 높은 사람이 오면 잔칫집 주인이 너희더러 '이 분께서 그 자리에 앉아야 되겠습니다. 좀 양보해 주시지요' 할 것이다. 그러면 너희는 맨 끝자리로 가게 될 것이다."

이때 한 제자가 물었다.

"주님, 상석에서 밀려나더라도 그 옆자리로 옮기면 되지 어찌하여 맨 끝자리로 가야 합니까?"

"창피해서 몸 둘 바를 모르게 되어, 아무도 안 보는 자리로 도망가게 된다는 것이다."

예수가 웃으면서 대답했다. 제자들도 웃음을 터뜨렸다.[4]

저자 이상준은 이 이야기가 글로 표현되었으니 망정이지, 실제 잔칫집에서 예수님과 더불어 이 대화가 이루어졌다면 말이 끝나기가 무섭게 웃음이 터졌을 것이라고 한다. 더구나 권위는 유머의 강도를 높이는 법이다. 사장님이 썰렁한 유머를 해도 직원 모두가 웃는다. 그러니 최고의 권위를 가지신 예수님이 이런 유머러스한 말씀을 하셨다면 웃음 잔치가 벌어졌을 것이다. 이상준은 예수님을 유쾌한 유머리스트로 뽑았다.

예수님은 바리새인을 향해 "회칠한 무덤아"라고 하셨다. 이 말을 현대풍으로 바꾸면 "호박에 줄 친다고 수박되느냐?"이다. 또한 '하루살이는 걸러내고 약대는 삼키는 소경된 인도자'라는 구절을 보라. 예수님 당시에 사용하던 아람어로 하루살이는 '갈마'(galma), 약대는 '감나'(gamla)로 발음된다. 이는 일종의 말 비틀기에 속한 유머이다. 비슷한 발음이지만 크기는 천지 차이다. 하루살이는 목구멍으로 술술 넘어가지만 낙타가 어찌 넘어가겠는가. '눈 속에 들보가 있는 사람', '거룩한 것을 개에게, 진주를 돼지에게 주는 사람' 등은 실제로는 없지만 유머가 담긴 표현이자 비유적 표현이며 과장된 표현이다. 이런 표현은 사람들에게 신선한 충격을 주고, 웃음을 주며, 그 교훈이 마음에 쏙 들어오게 한다.

그렇다. 예수님은 땅의 언어를 잘 아셨다. 땅의 언어를 기막히고 적절하게 구사하셨다. 속담을 사용하셨고, 잠언이나 격언, 금언도 사용하셨다. 의문법, 반복법, 음성학적 강조법을 사용하셨고, 단어 유희(word play)를 활용한 해학적 표현의 대가이셨다. 무엇보다도 예수님이 하나님의 나라를 설명하기 위해 활용하신 수많은 비유들을 보라. 이러한 예수님의 언어 사용에 관한 논문과 책들이 여러 권 나올 정도이다. 한마디로 예수님은 인문학적 언어 사용과 상상력의 대가셨다. 이렇듯 신학과 신앙 그리고 인문학은 동행해야 하는 형제이다.

「공감,
인문학의
매력」

CHAPTER 2

──────── 사람들은 왜 인문학에 빠져들까? 인문학의 열기가 몰아치고 있는 이유는 무엇일까? 인문학이 따뜻한 공감을 주기 때문이 아닐까 싶다.

인간을 향한 따뜻한 시선

"못난 놈은 서로 쳐다만 봐도 즐겁다"라는 말이 있다. 서로 바라보며 "너는 왜 그렇게 못 생겼냐?" 하며 낄낄대며 공감하는 것이다. 활 잘 쏘고 칼싸움 잘하는 영웅은 많다. 그러나 진정한 영웅은 다른 사람의 슬픔을 마치 자기 것인 양 느끼고 끼어드는 공감의 능력을 가진 자이다.

세계적인 사회학자 제레미 리프킨도 《공감의 시대》에서 21세기에 있어서 최고의 강자는 '공감의 능력을 가진 자'라고 했다. 오 헨리의 단편소설 〈강도와 신경통〉에는 신경통 치료비를 마련하느라 도둑질을 하는 강도가 나온다. 그런데 그가 들어간 집 주인 또한 신경통을 앓는 것을 알고는 도둑질은 안 하고 밤새 신경통 치료 이야기만 하다가 헤어진다. 공감하면 도둑도 친구로 변한다.

소설가 이외수는 세상에서 제일 매운 고추는 마른 고추도, 빻은 고추도, 파란 고추도, 빨간 고추도 아니라 '눈에 들어간 고추'라고 했다. '눈에 들어간 고추'라고 말하는 순간, 자신과 대상이 하나가 되고, 그 매운 감각을 그대로 느낄 수 있다는 것이다. 그러면서 대상과 합일되는 가슴의 글을 쓰고 싶다고 했다. 이 또한 공감의 문제이다. 사람은 견해가 일치할 때보다 공감할 때 가장 따뜻함을 느낀다.

인문학은 우리가 서로를 인간으로 바라보게 하는 따뜻한 공감을 만들어 준다. 구체적인 예로, 오규원 교수의 시 〈프란츠 카프카〉를 보자. 여기에는 상품화된 사람들이 나온다.

- MENU-

샤를로 보들레르 800원

칼 샌드버그 800원

프란츠 카프카 800원

이브 본느프와 1,000원

예리카 종 1,000원

가스통 바슐라르 1,200원

이하브 핫산 1,200원

제레미 리프킨 1,200원

위르겐 하버마스 1,200원

시를 공부하겠다는

미친 제자와 앉아

커피를 마신다.

제일 값싼

프란츠 카프카!

커피숍의 메뉴판에 커피 이름 대신에 문학가, 철학가의 이름을 넣었다. 그리고 그 옆에 가격을 매겨 놓았다. 값을 매길 수 없는 것에 값을 매긴 것이다. 그렇다면 작가 프란츠 카프카를 돈으로 환산하면 어느 정도가 될까? 시인의 표현대로 800원일까? 어쨌든 시인은 이런 시대에 시를 공부하겠다는 제자를 '미친 제자'라고 하면서 그와 앉아 커피를 마신다. 제일 값싼 프란츠 카프카를 먹으면서.

돈으로는 살 수 없는 것들이 있다. 예를 들어 희망, 우정, 사랑, 배려, 열정, 미래, 시간, 생명…. 하버드 대학의 마이클 샌델 교수는 《돈으로 살 수 없는 것들》에서 현대 사회가 돈으로 살 수 없고 값을 매길 수 없는 것들을 돈으로 사고 값을 매기려 하면서 부작용이 발생한다고 했다. 그런데 현실은 어떠한가? 역시나 우리마저도 돈으로 그 능력과 존재성이 값 매겨지고 있다. 인문학은 이렇듯 상품화된 우리의 아픔에 공감해 준다.

좀 더 들어가 보자. 현대는 '능력 위주의 사회'이다. 누구나 최고가 될 수 있다. 그러나 재독 철학가 한병철 교수의 지적처럼 이러한 '무한 긍정'이 우리를 오히려 죽게 만든다. 능력이 좋으면 최고가 될 수 있지만, 능력이 없으면 바닥으로 추락한다. 능력 있는 사람은 '착한 사람'이 되고, 바닥 계층의 사람은 가난할 뿐 아니라 남의 돈을 깎아 먹는 '나쁜 사람'으로 전락한다. 성공하지 못한 사람은 '루저'(a loser), 즉 '패배자'가 되는 것이다.

문학 작품에도 인생의 패배자들 이야기가 많이 나온다. 하지만 전혀 다른 시각이다. 셰익스피어의 〈햄릿〉을 보고 나서 "햄릿은 패배자야. 인생의 낙오자야!"라며 손가락질하는 사람이 있겠는가? 사실 햄릿은 살인자요, 패배자이다. 그런데 예술은 햄릿에게 애정을 가지고 공감과 연민의 시선을 던진다. 하나의 인간으로 바라보게 해 주는 것이다.

이어령 교수의 《소설로 떠나는 영성 순례》에 보면 '소설'의 의미가 나온다.

소설(小說)에 왜 '작은 것'을 뜻하는 '소'(小)자가 들어갔는지 알 만합니다. 모두가 소인들의 이야기입니다. 근대 소설의 주인공은 바로 담 너머에 살고 있는 이웃 사람들, 그도 아니라면 술주정꾼, 간질환자, 장애인, 그리고 홈리스들일 것입니다. [5]

스탕달은 소설을 가리켜 '거리로 메고 다니는 거울'이라고 했다. 거울을 메고 거리를 걸어 다닌다면, 그 거울에는 나와 다를 것이 없는 친근한 우리 이웃들의 모습이 비칠 것이다. 그러니까 소설은 나와 같은 이웃들의 민낯 이야기이다. '큰'(大) 이야기가 아닌 '작은'(小) 소인들의 이야기이다. 그래서 사람들이 소설을 좋아하며 공감을 갖는 것이다.

이렇듯 인문학은 인간에게 따뜻하게 공감하는 시선을 던져 준다.

인생의 모호함을 담다

뿐만 아니다. 인문학은 인생의 모호함을 잘 보여 준다. 그러니 더욱 공감하게 된다. 나는 구약을 전공했다. 구약의 핵심 신학 중 하나는 신명기인데, 우리 신앙의 90퍼센트 이상, 그리고 많은 목회자들이 하는 설교의 90퍼센트 이상이 거의 신명기적이다.

신명기 신학은 명료하다. "만약 ~하면 ~하리라"라는 약속이다. 만약 하나님의 말씀에 순종하면 복이 임하고, 불순종하면 징계가 임한다는 것이다.

그런데 목회 현장을 보면 신명기의 공식이 깨지는(?) 듯한 상황을 많이 본다. 신앙생활을 잘하고 신실한 성도 집안에 안 좋은 일이 생기고, 하나님이 손을 좀 봐 주시면 좋겠다고 생각되는 성도가 잘되는 경우가 있다. 세상에서도 의인이 어려운 삶을 살고, 악인이 흥왕하는 경우도 많다. 시편 기자도 이런 상황에 탄식하면서 이렇게 고백했다.

나는 거의 넘어질 뻔하였고 나의 걸음이 미끄러질 뻔하였으니 이는 내가 악인의 형통함을 보고 오만한 자를 질투하였음이로다 시 73:2,3

이럴 때 롱펠로의 시 〈Life is real〉이 실감난다. 삶은 리얼하다. 추상적이지 않고 치열하다. 수학 공식처럼 딱 들어맞지 않는 경우가 많다. 우리의 생도 그러하다. 깨끗하면 깨끗하고 지저분하려면 지저분해야 하는데 그렇지 않고 모호하다. 문학, 시도 정말 모호하다. 모호한 삶을 반영하는 것이기에 그렇다. 삶에서 중요한 것들은 거의 다 모호한 경우가 많다. 인간의 '사랑'을 보라. 얼마나 모호한가. 사는 것이 모호하기에, 인문학은 모호한 것을 모호하게 말한다.

이런 점이 인문학이 우리에게 따뜻하게 느껴지고 그들의 이야기가 아닌 우리의 이야기처럼 친근하게 느끼게 한다.

일상성을 깨는 힘

인문학은 창의적 사고와 통찰력을 준다. 인문학을 공부하면 얻어지는 결과 중 하나가 바로 창의적 사고와 통찰력이다. '낯설게 하기', '다르게 보기'란 말을 많이 들었을 것이다. 말의 형태만 살짝 다를 뿐이지 거의 모든 철학자, 문학가, 예술가들이 하는 말이다. 일상적인 것들을 '다르게 보는 법', '낯설게 하기'는 모든 시인과 철학가, 사업가들, 아니 신선하게 살고 싶은 모든 사람들이 바라는 시선이다. '일상'을 다르게 보기 시작하면서 퇴보와 몰락을 막고 생명력을 얻고 새로운 세상을 여는 돌파력이 생기기 때문이다. 특히 시는 언어를 뒤집고 반전을 일으키면서 기존의 세계를 뒤집고 새로운 틈을 보게 한다. 이것이 시의 힘이요 인문학의 힘이다.

"상상력은 실제보다 훨씬 더 강한 힘을 가지고 있다"(Imagination is more powerful than reality).

알버트 아인슈타인을 비롯해 수많은 학자들이 외치는 경구이다. 오늘 현실로 나타난 것들은 어제 그것을 상상했던 사람의 상상으로부터 시작되었다. 이제 상상력은 현대 정보화 사회에서 중요한 생존 수단으로 필수 중의 필수이다. 상상력을 다른 말로 하면 '창조정신', '창의력'이다. 창의성이란 기존의 것을 다르게 보는 능력을 필수적으로 요구하는데, 그것을 가능하게 해주는 것이 인문학의 힘이다.

자, 이제 갑각류의 껍질같이 고착화된 일상성이 얼마나 무서운가를 보고, 그것을 깨는 인문학의 힘을 보자. 이성복 교수의 《네 고통은 나뭇잎 하나 푸르게 하지 못한다》 중에 이런 구절이 나온다.

✤

　일상적 삶은 '느낌'에서 '사실'로, '위험'에서 '안전'으로의 끊임없는 이행이다. 예술이 진정한 삶을 복원하기 위한 시도라면, 예술은 일상적인 삶과는 반대 방향으로 진행할 것이다. 즉 사실에서 느낌으로, 안전에서 위험으로.[6]

강신주 교수는 이 구절을 인용해 인문학을 설명하곤 한다. 한 사람을 사랑하게 되면 '느낌'과 '위험'의 세계로 들어가게 된다. 감정이 민감해지고 충만해진다. 자칫 위험하다. 나와 결혼하지 않으면 죽어버리겠다고 칼을 들고 뒹굴 수도 있다. 그러나 시간이 흘러 그 사람과 결혼을 하고 나면 격양되었던 감정은 일상의 감정이 된다. '느낌'의 세계에서 '사실'의 세계로, 터질 것 같은 '위험'의 세계에서 익숙한 '안전'의 세계로 들어가게 된다.

이성복 교수는 그래서 일상적 삶을 '느낌에서 사실로, 위험에서 안전으로의 끊임없는 이행'이라고 했다. 바로 이때 시인의 역할이 들어간다. 시인은 사실과 안전의 세계를 일깨워 다시금 느낌과 위험의 세계를 열어 주는 역할을 해야 한다는 것이다.

익숙한 것을 낯설게 해 다시금 본질로 접근하는 것! 익숙함은 편리함과 동시에 안정을 가져다준다. 그러나 안정이 고이고 고이게 되면 정체(停滯)로 이어진다. 즉 안정은 변화와 발전을 거부하게 되고, 발전이 없는 사회는 정체되며, 그러한 사회는 결국 붕괴될 수밖에 없다.

인문학으로 광고를 하는 박웅현은 익숙함이 가져오는 위험을 이렇게 말한다.

✿

무언가 감동하려면 머리가 쩍 갈라지는 것 같은 충격이 있어야 하는데 없어요. 지하철 안내 방송으로 비발디의 〈사계〉를 듣고, 새벽 쓰레기차 소리로 베토벤의 〈엘리제를 위하여〉를 들었어요. 공공시설의 흔한 BGM으로 클래식이 쓰입니다. 그러니까 베토벤도, 비발디도 그저 씹다 버린 껌처럼 느끼기 쉬운 것이죠.[7]

〈엘리제를 위하여〉란 피아노 명곡을 모르는 사람이 거의 없을 것이다. 그 곡을 들으면 당연히(?) 감동이 일어날 것이다. 그런데 그 곡이 우리가 늘 접하는 쓰레기 수거 차량의 뒷 기어 음악으로 나오면서 감동이 사라지고 그저 씹다 버린 껌처럼 느껴지게 되었다는 것이다.

개인도 사회도 그저 안정만을 기대하고 안정 속에 익숙해지면 서서히 몰락하게 된다. 인문학은 이렇듯 무감동의 일상을 일깨워 다르게, 낯설게 보게 해 새로운 역동성을 준다.

그렇다면 구체적으로 인문학적 창의적 사고가 발달해 가는 과정을 보자. 우리가 인문학 책을 읽는다고 하자. 책의 저자(著者)는 독자에게 있어서는 타자(他者)이다. 타자는 나를 넘어서는 영역, 즉 '다름'의 세계이다. 타자가 항상 옳은 것은 아니다. 독자는 독서를 통해 타자의 견해를 수용하든지, 거부하든지 아니면 일부 수용하게 된다. 독자는 이런 과정을 통해 주체적으로 해석하는 법을 길러간다. 독서를 통한 타자와의 만남, 타자와의 그 치열한 생각의 전투를 통해 독자는 '생각하는 힘'을 기르게 된다.

타자의 주장이 너무나 강력하고 감동적이어서 나에게 전적으로 수용되면 카프카가 말하듯이 책은 '도끼'가 된다. 니체의 표현에 의하면 '망치'가 된다. 도끼와 망치 같은 책을 만나는 것은 축복이다. 이렇듯 올바른 인문학 독서 행위는 편견과 아집이라는 거대한 감옥을 쪼갠다. 쪼개기만 하지 않고 새로운 집을 짓도록 해 준다.

오늘날의 사회에서는 빙산의 바닥같이 안정을 주던 모든 기반이 녹고 있다. 너무 많은 변수, 너무 변하는 시대에 예전의 분석적 사고만으로는 안 된다. 이러한 상황에서 인문학을 통해 배우는 상상력과 통찰력은 새 길을 개척하는 큰 동력(動力)이 될 수 있다.

인문학이 밥 먹여 주더라

이러한 여러 장점들에도 불구하고 인문학은 대학 강단이나 소수의 향유자들에게 머물러 있었다. 이런 인문학이 우리 시대에 거리로 뛰어나오게 된 이유가 있다. 바로 인문학의 실용성이 뚜렷하게 증명되었기 때문이다.

"그게 밥 먹여주냐?"라는 것처럼 무서운 말도 없다. 밥은 생존의 키워드 0순위이고, 어른이자 하늘이기 때문이다. 얼마 전까지만 해도 기업체에 인문학의 필요성을 제시하면 "인문학이 밥 먹여 주냐?" 하며 인문학을 경시했다. 새벽부터 늦은 밤까지 죽어라 뛰어야 굴뚝 산업이 돌아갈 지경인데, 인문학 운운하면 배부른 사람들의 신선놀음처럼 여겼다. 그런데 지나고 보니 인문학이 밥 먹여 주는 것을 알게 되었다. 이 점이 현대에 불고 있는 인문학 열풍의 주요 원인이다.

무엇보다도 21세기의 아이콘이자 현대의 가장 창조적인 기업가로 인정받는 애플사의 CEO였던 스티브 잡스가 아이패드를 출시하면서 던진 말은 인문학 열풍의 진원지가 되었다.

"애플의 창의적인 IT 제품은 애플이 기술과 인문학의 교차점에 서 있기 때문에 가능하다."

애플사의 창의적인 IT 제품은 인문학적 바탕 위에서 이루어진다고 선언한 것이다. 스티브 잡스의 말을 더 들어보자.

"내가 아이팟, 아이패드 같은 것을 개발하게 된 창조적인 원천은 리드 대학 시절에 '고전읽기 100권' 프로그램이 결정적인 영향을 미쳤다."

그는 실제로 영국의 시인 윌리엄 블레이크의 〈순수를 꿈꾸며〉의 첫 구절에서 무한한 영감을 얻었다고 한다.

한 알의 모래 속에서 세계를 보고
한 송이 들꽃에서 천국을 본다

또한 페이스북 창시자 마크 저커버그도 인문학 열풍에 군불을 지폈다. '세계 최연소 억만장자'부터 '하버드대 출신 수재', '제2의 빌 게이츠', '글로벌 소셜 네트워크 서비스(SNS)의 혁명가'로 불리는 그는 20세의 젊은 나이에 '지구상의 모든 사람을 연결한다'는 상상력으로 페이스북을 개발했다. 그가 이런 사고를 하고 페이스북을 개발할 수 있었던 배경에는 어릴 적부터 심취했던 인문학에서 나오는 통찰력 때문이었다. 그는 어느 인터뷰에서 이렇게 말했다.

"나에게는 두 가지의 취미가 있는데, 첫째는 컴퓨터 프로그램을 만드는 것이고, 둘째는 그리스, 라틴 고전을 원전으로 읽는 것이다."

이제 현대의 글로벌 사회에서는 인간을 더욱 근본적으로 이해하고, 창조적인 사고를 해야 물건도 더 잘 만들고 더 잘 팔린다는 사실을 목도하게 되었다. 그리고 이런 창조적인 사고를 위해 인문학 공부를 해야 한다는 인식이 경영계에 불기 시작했다. 따라서 경영인들 사이에 인문학 열풍이 일었고, 현대 기업들의 인재 선발의 주요 기준 중의 하나가 '인문학적 소양을 갖춘 공학도'이다.

　물론 인문학을 공부하면 잘 팔리는 창의적인 제품을 만들 수 있다고 해서 인문학이 소중하다는 논리는 인문학에 대한 모독일 수도 있다. 실용적 이유로 공부하는 인문학은 순수한 인문학이 아니라는 비판 의견도 많다. 잡스가 인문학에 빚을 졌다고 할 때, 그가 말한 인문학은 이른바 문학, 역사, 철학의 순수 인문학이 아니라 현대 자본주의가 요구하는 정신을 집약한 것이고, 다만 인문학이란 이름으로 덮어씌운 것이라는 비판도 강하다. 인문학의 물신화(物神化)라는 비판도 그것이다.

　그러나 인문학이 비단 잘 팔리는 제품을 만드는 데만 사용된 것은 아니다. 우리는 삶의 막다른 골목까지 밀려갔던 노숙인들이 인문학을 배우면서 새로운 삶을 살게 되었다는 이야기를 종종 듣는다. 무엇보다도 인문학에 대한 관심 속에 사람들은 '본질'에 대한 열린 마음을 가지게 되었다. 이것은 신학과 인문학 모두에게 중요한 기회이다.

　분명히 인문학은 이제 거리로, 시장으로, 집안까지 온 것이 분명하다. 인문학은 '학문'의 형태로 머물러 있지 않다. "전어 굽는 냄새에 집 나간 며느리가 돌아온다"라는 말이 있다. 집 나간⁽?⁾ 인문학을 다시 강의실 책상으로만 돌아오게 하는 것이 인문학자들의 사명은 아닐 것이다. 다시 강조하고 싶다. 인문학에 대한 열린 마음은 참 진리를 전해 줄 수 있는 좋은 기회이다.

명답이 곧 정답은 아니다

인문학은 분명 많은 장점을 가지고 있다. 하지만 그 한계 또한 뚜렷하다. 나는 초등학교 때부터 인문학을 좋아했고 미친 듯이 독서를 했다. 지금도 하루에 1.5권 정도 읽고 정리를 한다. 특히 문학을 좋아했고, 문학을 전공하려까지 했다. 어느 시인이 문학을 가리켜 "목매달아 죽어도 좋을 나무"라고 했는데, 그 심정이 이해가 되었다.

대학 캠퍼스 시절부터는 인문학 서적을 읽고 그에 성경적 해석을 가하는 문서와 이메일을 20년 이상 보내오고 있다. 현재 기독교 방송인 CTS, CBS, GOODTV 등에서 이 이메일을 활용하고 있다.

채워지지 않는 갈급함에 절규하다

나는 지금도 인문학이 무엇인지 고민한다. 그러면서 이런 생각을 하게 되었다.

"인문학은 본질을 애타게 찾는 땅의 신음이다!"

인문학의 제일 좋은 점은 바로 '본질에 대한 고민'을 추구한다는 것이다. 물이 나오는 수도꼭지를 연구하는 것이 아니라 물이 흐르는 근원지를 찾는 것이 인문학이다. 본질에 대해 고민하지만, 그 답을 찾지 못하고 있는 '땅의 신음'이다. 그래서인지 인문학을 볼 때마다 뭉크의 〈절규〉 시리즈를 보는 듯하다.

C. S. 루이스는 '땅의 신음'에 대해 《순전한 기독교》에 이렇게 썼다.

만약 이 세상에서 경험하는 것들로 채워지지 않는 욕구가 내 안에 있다면, 그건 내가 이 세상이 아닌 다른 세상에 맞게 만들어졌기 때문이라는 것이 가장 그럴듯한 얘길 거야.[8]

우리 내면의 깊숙한 곳에는 이 세상에서 얻을 수 있는 행복으로는 채울 수 없는 욕구, 그리움이 있다. 우리 시대 최고의 기독교 변증학자 중 하나인 C. S. 루이스는 이 그리움을 영어로는 정확히 표현할 수 없어서, 독일어 단어 '젠주흐트'(Sehnsucht)를 사용해 표현했다. '젠주흐트'는 독일의 철학과 예술, 문화에 큰 영향을 미친 18세기 및 19세기의 독일 낭만주의 작가들이 즐겨 사용한 표현으로, '그리워하다', '동경하다'라는 뜻의 'Sehnen'에서 비롯된 'Sehn'과 'sucht'의 결합어이다. 옥스퍼드 영어사전에는 'yearning', 'wistful', 'longing' 등으로 번역되어 있다. 루이스는 이 세상에 있는 것들로 잠재울 수도, 가라앉힐 수도 없고, 멈출 수도 없는 강렬한 갈망을 '젠주흐트'로 표현한 것이다.

그렇다면 이 갈망의 정체는 무엇일까? 바로 '영원에 대한 그리움', 다시 말해 '하나님에 대한 그리움'이다. 이 세상에서 누릴 수 있는 기쁨을 많이 누려 보았어도 결코 채울 수 없는 욕구, 그리움이 있다. 그것은 하나님만이 채우실 수 있는 그리움이다. 하나님은 우리에게 영원을 사모하는 마음을 주셨다.

하나님이 모든 것을 지으시되 때를 따라 아름답게 하셨고 또 사람들에게는 영원을 사모하는 마음을 주셨느니라 전 3:11

히브리어 원문대로 번역하면 '영원을 그들의 마음속에 (심어) 주셨다'라는 뜻이다. 인간은 영원의 존재로 지음을 받았기에 세상의 기쁨만으로는 결코 만족할 수 없는 존재이다. 코끼리에게 새우깡 열 봉지를 준다고 해서 성에 차지 않듯이, 사람에게 천하를 다 준다 해도 완전한 만족이란 없다. 파스칼이 말한 것처럼 채울 수 없는 '빈자리'가 있다. 우리가 천하보다도 크게 지음을 받은 존재이기에 그러하다. 하나님만이 채울 수 있는 이 영원의 공간을 땅의 다른 것으로 채워보려고 하니 땅은 신음할 수밖에 없는 것이다.

F. W. 니체의 경우를 보자. 그는 《짜라투스트라는 이렇게 말했다》에서 이런 고백을 했다.

짜라투스트라여, 그대는 아직도 살아 있는가? 왜? 무엇 때문에? 무엇에 의해? 어디로? 어디에? 어째서? 아직까지도 살아 있다는 것은 어리석은 일이 아닌가?[9]

세상에서 제일 어리석은 인생 둘이 있다. 하나는 영원과 진리에 대한 관심이 없는 인생이고, 또 하나는 영원과 진리에 대한 관심은 있지만 옳지 않은 것에서 그 답을 찾으며 헤매는 인생이다. 니체는 영원에 대한 관심이 지대했다. 왜, 무엇 때문에, 무엇에 의해, 어디로 가고 있는지, 어디에 살고 있는지, 어째서 사는지 모른다면 살아 있다는 것이 어리석은 일이라고 말할 정도였다.

문제는 그 해답을 인간 내(內)에 있는 초인(超人)의 힘으로 풀려고 했다는 것이다. 여기서 '초인'이 무엇인가에 대한 해석은 다양하다. 다만 초인은 어떤 '가능성'이라고 말할 수 있다. 그러나 우리 속에는 초인도 거인도 없다. 사도 바울이 탄식하며 고백한 것처럼 우리 속에는 죄 성 가득한 괴물이 있을 뿐이다.

오호라 나는 곤고한 사람이로다 이 사망의 몸에서 누가 나를 건져내랴 롬 7:24

우리에게는 스스로를 구원할만한 초인의 가능성이 없다. 오직 십자가의 은혜로 죄를 용서 받고 영원의 삶에 다다르게 된다. 어떤 인문학 책을 보다 보면 '무한 희망'을 주는 듯한 구절들이 나온다. 그러나 근거 없는 무한 희망은 부정보다 더 무서운 법이다. 인문학은 본질을 찾고 싶어 고민하지만 답을 찾지 못한 신음이다. 영원에 대한 신음과 그리움은 그 무엇으로도 채울 수 없기 때문이다. 오직 하나님만이 채워주실 수 있다.

인문학은 명답, 성경은 정답

보름달은 밤하늘이라는 배경이 있을 때 더욱 빛나는 법이다. 마찬가지로 인문학의 열기는 인문학과는 비교할 수 없는 성경의 위대함을 보여 준다. 왜 그럴까?

인문학은 만물의 '본질'을 보려 한다. 얼마나 고상한 학문인가? 더군다나 사람을 이해하고 공감해 준다. 그리고 창의성과 통찰력을 준다. 얼마나 고마운 일인가? 그러나 인문학이 사람을 살리는 '생명'을 줄 수는 없다. 인문학은 만물의 시작에 대해서나 만물의 끝에 대해, 죽음에 대해서나 죽음 이후의 세계에 대해, 죄 용서에 대해 답을 줄 수 없다. 그래서 인문학이 삶의 정답은 아니다. 인문학은 명답 정도일 뿐, 정답은 성경이다! 어찌 보면 인문학은 그 체질상 정답을 줄 수 없는 학문이다. 인문학은 끝없이 사유하고 반성하고 의심하고 본질에 대한 고민을 하는 것이지, 정답을 제시하는 것이 아니기 때문이다.

이어령 교수는 소설가이자 작가, 문학평론가로 초대 문화부 장관을 역임한, 우리나라의 대표적인 지성인이다. 스스로 무신론자였다고 고백한 그는 크게 두 가지로 지성의 세계에서 신앙의 세계로 관심을 가지게 되었다고 한다.

첫째는, 원초적인 고독 때문이었다. 문학과 지성을 비롯해 그 무엇으로도 채울 수 없는 공허함 때문이었다. 그리고 둘째는, 사랑하는 딸의 죽음 때문이었다. 자신이 일평생을 바쳐온 문학이 죽어가는 딸 앞에서 아무런 힘이 되지 못한다는 것을 깨달으면서부터이다. 그의 저술 《지성과 영성의 만남》을 보면, 자신이 평생 사랑한 문학의 한계에 대해, 시인 하이네의 고백을 인용하며 이렇게 말하고 있다.

☥

하이네(Heinrich Heine)는 절대 신인 기독교의 하나님을 버리고, 희랍 신을 그렇게도 좋아했습니다. 그는 희랍의 여러 신을 그토록 믿었는데도, 죽기 직전 루브르 박물관의 비너스가 자신을 쳐다보면서 이렇게 말하는 것 같았다는 거예요.

'너는 나에게 매달리는데, 나는 너를 구할 힘이 없어. 나는 팔이 없지 않니? 너를 안아 주고 싶은데, 팔이 없어. 너희들과 너무나 차원이 같아. 같이 울어 주고, 같이 슬퍼해 줘도, 너희들을 끌어 안아 줄 수는 없어.'

그러니까 그때 하이네가 뭐라고 합니까.

'인간이 못하는 것, 잡신들이 못하는 것, 팔을 뻗어 우리를 끌어 안는 것은 역시 여호와 하나님이시다.'[10]

다시 한 번 하이네가 들은 비너스의 말을 들어 보자.

⁂

나는 너를 구할 힘이 없어. 나는 팔이 없지 않니? 너를 안아 주고 싶은데 팔이 없어. 같이 울어 주고, 같이 슬퍼해 줘도 너희들을 끌어안아 줄 수는 없어.

이 고백처럼, 이어령 교수는 문학의 한계점을 발견한 것이다.

우리 시대의 또 다른 지성의 거장 고(故) 신영복 교수의 《감옥으로부터의 사색》에는 이런 이야기가 나온다.

⁂

남을 도울 힘이 없으면서 남의 고충을 듣는다는 것은 매우 마음 아픈 일입니다. 그것은 단지 마음 아픔에 그치지 않고 무슨 경우에 어긋난 일을 하고 있는 느낌을 갖게 합니다. 돕는다는 것은 우산을 들어주는 것이 아니라 함께 비를 맞는 것임을 모르지 않습니다만, 빈손으로 앉아 다만 귀를 크게 갖는다는 것이 과연 비를 함께하는 것인지, 그리고 그것이 그에게 도대체 무슨 소용이 있는지 의심스럽지 않을 수 없습니다. [11]

그는 일찍이 '공감이란, 비를 함께 맞으며 가는 것'이라고 했다. 그런데 그것이 진정 그를 돕는 길인가 하는 면에서 회의를 느낀 것이다. 도울 능력은 있되 만남이 없는 관계와, 만남이 있되 도울 힘이 없는 관계가 있다. 같이 비를 맞으며 걸어가는 공감과 사랑이 참 좋지만, 비를 피할 우산이 없는 빗속의 만남은 인생을 슬프게 한다. 이렇듯 사람은 공감까지는 할 수 있지만 도울 힘이 없는 경우가 태반이다.

인문학이 그렇다. 공감까지는 할 수 있지만, 결정적인 것을 도울 능력이 없다. 그러나 하나님은 다르다. 하나님은 함께 비를 맞으시는, 공감하시는 하나님일 뿐 아니라 비를 피할 우산까지 주실 수 있는 능력이 있으신 분이다.

예수님은 인간의 몸을 입고 오셔서, 우리와 같이 울고 웃으셨다. 그리하여 우리를 깊이 공감하시며 이해하셨다. 그리고 거기서 그치지 않고, 십자가를 통해 죄 사함을 주시고 생명을 주셨다. 죽음을 이기고 부활하셨다. 그리고 예수님을 믿는 성도에게 당신이 이루어놓으신 모든 것을 주신다. 우리의 아픔을 공감하실 뿐 아니라, 영생을 주신 것이다.

내가 진실로 진실로 너희에게 이르노니 내 말을 듣고 또 나 보
내신 이를 믿는 자는 영생을 얻었고 심판에 이르지 아니하나니
사망에서 생명으로 옮겼느니라 요 5:24

한 사람의 경우를 더 보자. 〈낭독의 발견〉이라는 TV프로그
램에서 원재훈 시인이 이런 말을 했다.

***

작년 가을에 잠자리 한 마리가 사무실로 날아 왔습니다. 사무실
에는 아홉 개의 창문이 있습니다. 그런데 잠자리가 나가지를 못
하는 겁니다. 잠자리는 아시다시피 겹눈, 홑눈 합해서 만 개의
눈을 가지고 있습니다. 그런데 그 만 개의 눈이 다 필요 없었습
니다. 창밖으로 나갈 수 있는 한 개의 눈만 있으면 되는데, 그 한
개의 눈이 없었던 것입니다. 그것을 보고 생각했습니다.
'아, 난 지금 만 개의 눈을 가지고 있는 것이 아닌가? 한 개가 필
요한데….'

만 개의 지식이 있어도 결정적인 한 가지 지식이 없어 무너진
다. 인간의 지식과 기술은 만 개, 백만 개로 놀랍도록 발전했다.
혜성에 탐사선을 보내고, 급기야 화성에서 살 수도 있다고 한
다. 그러나 만물과 인간의 기원, 죽음, 그리고 죄 사함 등 결정
적인 주제에 있어서는 젬병이다. 인간의 근본을 다루는 인문학

도 이 문제에 있어서는 교묘하게 주제를 피해가거나 말장난 수준에 머문다.

프란츠 카프카는 이렇게 말했다.

"우리에게는 길이 없습니다. 우리가 길이라고 부르는 것들은 방황일 따름입니다."

천 개의 문제에 대한 하나의 대답이 있다. 밖으로 나가는 길을 찾아내는 결정적인 한 개의 눈이 있다. 그것은 하나님의 말씀인 성경이다.

또 어려서부터 성경을 알았나니 성경은 능히 너로 하여금 그리스도 예수 안에 있는 믿음으로 말미암아 구원에 이르는 지혜가 있게 하느니라 딤후 3:15

그렇다. 인문학은 명답 정도이고, 성경이 정답이다.

복음의 접촉점으로 삼다

인문학을 잘 활용하면 복음의 접촉점으로 좋다. 무엇보다 하나님을 믿지 않는 사람들과의 복음의 접촉점으로 좋다. 이 점이 참 중요하다. 레너드 스윗의《넛지 전도》에 보면 한 영혼이 결정적인 복음을 듣기 위해서는 다섯 번 이상의 접촉이 필요하다고 했다.

애즈버리 신학교의 복음 전도학 교수 조지 헌터(George Hunter)는 30년 전에 한 사람이 그리스도를 영접하려면 5번의 의미 있는 만남이 필요했을 거라고 말한다. 오늘날에는 보통 12번에서 20번 정도의 넛지가 필요하다고 주장한다.[12]

복음에 대해 한 번 듣고 바로 주님을 받아들인다면 얼마나 좋겠는가. 그러나 실제로 전도를 해 보면 이런 경우는 드물다. 대부분 몇 차례 복음을 듣고 결정적인 때에 주님을 받아들이는 경우가 많다. 바로 이런 면에 있어서 전도의 처음 접촉점은 참으로 중요하다.

전도하려고 하면 손사래부터 치는 경우가 많다. 이상한 사람처럼 취급당하는 경우도 많다. 이럴 때 무조건 '복음을 전하려니 핍박을 받는구나' 하고 생각만 할 것이 아니다. 전도할 때 인문학을 활용하면 사람들이 부드럽게 귀를 여는 것을 많이 본다.

다시 한 번 강조하는바, 인문학은 복음의 접촉점으로 참 좋은 역할을 한다. 사람은 자신에게 공감하는 사람에게 귀를 열고 마음을 연다. 인문학에는 땅의 신음, 땅의 아픔, 즉 하나님을 믿지 않는 사람들의 근원적인 고뇌가 담겨 있다. 그래서 인문학으로 만나면 '그들의 이야기'가 아니라 '나의 이야기'로 느껴진다.

극동방송에서 〈인문학을 하나님께〉를 듣던 한 애청자가 있었다. 그는 남편을 전도하기 위해 여러 방법을 써 보았으나 소

용이 없었다. 그러다가 어느 날, 〈인문학을 하나님께〉를 들려
주었다고 한다. 그랬더니 부담 없이(!) 듣고 공감하다가 어느덧
주님에 대한 갈망이 생겼고, 주님을 영접해 교회의 귀한 직분자
까지 되었다고 간증했다.

또 이러한 이야기도 있다. 《그리스인 조르바》에 대한 방송을
했을 때의 일이다. 조르바가 추구한 자유는 진정한 자유가 아
니며, 성경이 말하는 자유가 진정한 자유라고 방송했다. 그랬더
니 수많은 사람들이 문의를 해왔고, 자신의 고민이 풀어졌다는
연락도 왔으며, 심지어는 조르바를 전공했던 사람이 찾아오기
도 했다. 이 부족한 종은 조르바 전공자와 깊이 있는 대화를 나
누며 복음을 전했다. 그는 태어나서 처음으로 복음에 대해 구체
적으로 들었다고 한다.

또 하나의 사례를 보자. 교회에서 어느 성도님이 많은 지인들
을 인도해 예배에 참석했다. 목사님의 '인문학적 설교'를 들어보
라고 하면서 말이다. '인문학적 설교'가 무엇인지에 대해서는 긴
설명이 필요하지만, 여기서는 다만 인문학을 잘 활용한 설교라
고 이해하면 될 듯하다. 교회의 문을 높게만 느끼고 있었던 그
들이 예배 시간에 울고 웃으며 공감하는 것을 보았다.

앞에서 언급했듯이 나는 오래 전부터 '경건 이메일'을 발송하
고 있다. 독서한 책의 내용과 함께 그 내용에 대한 성경적 해석
을 요약해서 발송한다. 〈인문학을 하나님께〉의 축소판이라고
보면 무방하다. 〈인문학을 하나님께〉와 '경건 이메일'에는 일반

교양과 지성을 위한 좋은 교훈들이 나온다. 그리고 그것에 대한 성경적인 해석이 담겨 있다. 그랬더니 어느 독자는 앞부분만 본다고 했다. 자신은 신앙인이 아니어서 뒷부분에 나오는 성경 구절과 성경적 해석 부분은 일부러 안 읽는다고 했다. 그러다가 어느 날부터인가 서서히 뒷부분까지 읽게 되었고, 그러면서 주님을 바라보게 되었다고 했다.

우리 교회 많은 성도들은 가족, 친지, 회사 동료, 친구들에게 '경건 이메일'과 '경건 문자', 〈인문학을 하나님께〉 방송 USB를 전해 주면서 부드럽게 전도를 위한 접촉점을 찾아나간다.

부족한 종이 신학교에서 '기독교 인문학' 강의를 할 때, 여러 학생들이 강의에 대한 소감을 피력해 왔다. 대부분의 학생들이 인문학을 잘 활용하면 복음 전도에 좋은 접촉점이 될 수 있다는 사실에 공감한다고 했다.

그렇다. 인문학은 마음이 열리게 한다. 인문학에서 느껴지는 따뜻한 이야기가 있다. 모두들 공감하는 고민 이야기가 있다. 이런 이야기들을 들으면 마음이 열린다. 그 열린 마음에 인문학이 해결해 줄 수 없는 하나님의 말씀을 전해줄 수 있다.

인문학의 주인은 하나님!

〈인문학을 하나님께〉 방송을 시작할 때 매번 외치는 오프닝 멘트가 있다.

"인문학의 주인은 하나님, 인문학을 하나님께!"

인문학의 주인은 하나님이시다. 인문학은 '나는 누구인가?, 인간다운 삶이 무엇인가? 하는 것을 탐구하는 학문'이라 했다. 성경은 이처럼 인문학이 추구하는 인간의 본질적인 문제에 명쾌한 답을 준다.

- 나는 어디서 왔는가?: 하나님께로부터 왔다.
- 나는 누구인가?: 나는 하나님의 형상대로 지음을 받고 하나님의 선한 뜻이 있어 이 땅에 보내진 존재이다.
- 나는 어디로 가는가?: 주께서 주신 삶을 다 마치고 주님의 품으로 다시 돌아간다.
- 그렇다면 인간다운 삶은 무엇인가? 인간이 그려야 하는 무늬는 무엇인가?: 우리를 창조하시고 사랑하시는 하나님과 동행하며 그를 찬양하며 기쁘게 사는 것이 인간다운 삶이다. 그리고 이 구원의 복음을 이웃에게 전하는 것이 인간다운 삶이다.

성경은 이처럼 인문학의 질문에 답한다. 그리하여 인문학의 주인은 하나님이시다. 또한 성경은 문학의 옷을 입은 하나님의 말씀이다. 문학은 하나님께로부터 나와서 모든 인간에게 심어주신 일반은총이다. 그러므로 문학의 주인은 하나님이시다.

역사에서 중요한 사항은 '역사의 주체가 누구인가, 그리고 올바른 역사관은 무엇인가?' 하는 문제이다. 역사는 하나님이 움직이고 섭리하신다. 역사의 주체는 하나님이시다. 그리고 많은 역사관 중에서 가장 옳은 역사관은 성경의 역사관인 구원사(Salvation history)이다. 그리하여 역사의 주인은 하나님이시다.

철학은 어떤가? 철학은 모든 것의 시초(아르케), 근원을 묻는다. 하나님은 천지만물을 창조하시고 섭리하신다. 모든 만물의 근원은 하나님이시다. 그리하여 철학의 주인은 하나님이다. 그렇다. 문사철(文史哲, 문학·역사·철학)의 주인은 하나님이시다.

4차 산업 혁명, 인공 지능의 시대가 성큼 다가왔다. 이 시대에는 인간과 로봇의 차이점, 인간은 누구인가, 우리는 어디로 가야 하는가 등에 대한 본질적 논의가 더욱 뜨거워질 것이다.

주목받는 진화론자 유발 하라리는 《사피엔스》의 마지막 부분에서 '우리가 원하는 것이 무엇인지를 모르는 것이 가장 큰 문제'라고 했다.

우리의 기술은 카누에서 갤리선과 증기선을 거쳐 우주왕복선으로 발전해왔지만 우리가 어디로 가고 있는지는 아무도 모른다. 과거 어느 때보다 강력한 힘을 떨치고 있지만 이 힘으로 무엇을 할 것인가에 관해서는 생각이 거의 없다. (중략) 스스로 무엇을 원하는지도 모르는 채 불만스러워하며 무책임한 신들, 이보다 더 위험한 존재가 또 있을까?[13]

인공지능까지 나온 이 시대, 이제 우리는 되고 싶은 것은 다 될 수 있는 시대에 살고 있다. 가장 큰 문제는 내가 되고 싶은 게 무엇인지 모른다는 데 있다. 하나님 없이 '힘'만 강해진 인간의 절규이다.

힘을 가진 자가 자신이 가야 할 방향을 모른다면, 힘을 가진 자가 악마의 마음을 가지고 있다면, 그처럼 무서운 존재는 없을 것이다. 머리카락 한 올을 칼날 위에 올려놓고 입으로 불면 두 갈래가 난다는 취모지검(吹毛之劍)을 가지고 정신없이 칼춤을 추는 사람과 같다.

우리는 대개 "힘을 주십시오"라고 기도한다. 힘이 없는 것이 인생의 문제라는 것이다. 일면 맞는 말이다. 그러나 사실 힘을 어디다 쓸지 모르는 것이 더 큰 문제이다.

남아프리카공화국 최초의 흑인 대통령이었던 넬슨 만델라는 이렇게 말했다.

"우리의 문제는 힘이 너무 많은 데 있다!"

인류는 인공지능 로봇까지 만들어 내며 유발 하라리 교수의 표현대로 '호모 데우스(神)'가 되었다. 그러나 여전히 그 힘을 어디에 써야 할지, 어디로 가야할지를 몰라 더욱 위험한 존재가 되고 있다. 속도보다는 방향이 중요하다. 시계보다 나침반이 중요하다.

사회가 물질화, 기계화 되어 갈수록 사람들은 역설적으로 본질에 대해 열린 마음을 갖게 될 것이다. 사람들은 그 해답을 인문학에서 찾으려 할 것이다. 인문학은 본질을 추구하는 학문이기에 그렇다. 그러나 참 본질은 하나님께 있다. 하나님의 말씀인 성경에 있다. 무한한 힘을 가지는 4차 산업혁명의 시대 속에서도 변함없는 진리는 '예수님'이다.

예수께서 이르시되 내가 곧 길이요 진리요 생명이니 나로 말미암지 않고는 아버지께로 올 자가 없느니라 요 14:6

—

괴물이었던 우리가 하나님의 사랑을 입어 꽃으로 피어났다

2

Humanitas To GOD

존 재 ,
행 복 의
출 발 점

「이름을 불러 주면
꽃으로
피어나느니」

내가 그의 이름을 불러 주기 전에는

그는 다만

하나의 몸짓에 지나지 않았다.

내가 그의 이름을 불러 주었을 때

그는 나에게로 와서

꽃이 되었다.

김춘수의 시 〈꽃〉의 첫 소절이다. 한국 현대시 100년을 기념해서 2004년 가을, 시 전문 계간지인 〈시인세계〉는 현역 시인 246명을 대상으로 평소 즐겨 읽는 애송시를 조사했다. 결과는

1위가 김춘수의 〈꽃〉이었고, 그 다음이 윤동주의 〈서시〉였다.

'꽃'은 어떤 이유로 뭇 시인들의 가슴을 그토록 시리게 문지른 것일까? 몸짓에 불과하던 그 무엇을 시인이 이름을 불러 주었더니 꽃이 되었을까?

부름, 관계의 시작

이름을 불러 주면 '관계'가 시작된다. 들판에 널려 있는 수많은 꽃들은 그저 몸짓에 불과하다. 하지만 내가 이름을 붙이는 순간, 그 꽃은 수많은 꽃 중의 하나가 아니라, 너와 나의 관계를 이어주는 의미 있는 존재가 된다.

하나님께서는 흙으로 사람을 빚으시고 생기를 불어넣으셔서 생령, 즉 살아 있는 영혼의 존재가 되게 하셨다. 생기를 불어넣기 전까지 사람은 그저 티끌로 만들어진 존재일 뿐이었다. 이름을 불러 준다는 것은 그에게 호흡을 주는 것과 같다.

막내아들과 여행할 때였다. 아들은 주변에 핀 꽃들의 이름을 계속 물었다. 꽃 이름을 아는 것이 별로 없던 나는 그냥 "잡초야"라고 했다. 그랬더니 아들이 말했다.

"아빠가 모르는 건 다 잡초예요?"

한방 먹었다. 내가 알고 있던 꽃들의 이름이 기껏해야 진달래, 장미, 들국화, 코스모스 정도였으니, 나머지 꽃들도 분명 잡초가 아닐 텐데 말이다.

하이데거는 '언어는 존재의 집'이라고 했다. 이 말과 형제인 구절이 있다. '이름은 존재의 집!' 우리 주변에는 참 많은 사람들이 있다. 그런데 누군가 그 이름을 불러 주기 전에는 잡초 취급을 당한다. 이름을 불러 준다는 것은 목각인형에 불과하던 피노키오가 숨을 쉬고 춤을 추도록 혼을 불어 넣는 것과 마찬가지이다. 미술관에 〈무제〉(無題)라는 제목으로 걸린 작품들을 보라. 물론 작가의 의도가 있겠지만, 세상에 나와 이름 하나 얻지 못하고 사라진다면 쓸쓸하기 그지없다.

우리에게 수없이 배달되는 스팸 메일들을 보자. 그 속에 아무리 덕담이 들어 있을지라도 거침없이 지워 버린다. 그런데 수없이 쌓여 있는 이메일 중에서도 '한재욱 님께'라고 자신의 이름이 들어가 있는 이메일은 반드시 열어본다.

누구든지 특별한 무엇이 되고 싶다. 무엇이 되기 위해서는 누군가가 이름을 불러 주어야 한다. 바로 여기에 복음이 있다. 하나님은 우리를 부르시고, "너는 내 것이라" 말씀하신다.

야곱아 너를 창조하신 여호와께서 지금 말씀하시느니라 이스라엘아 너를 지으신 이가 말씀하시느니라 너는 두려워하지 말라 내가 너를 구속하였고 내가 너를 지명하여 불렀나니 너는 내 것이라 사 43:1

땅 속의 돌은 그저 돌멩이일 뿐이다. 그러나 역사가에 의해 발

굴된 돌은 수천 년의 혼이 깃들은 유물이 되어, 현재를 사는 사람들에게 힘과 자부심을 준다. 마찬가지이다. 하나님이 우리를 불러 주시는 순간, 몸짓에 불과하던 우리가 하늘의 꽃으로 피어난다. 하나님이 내 이름을 불러 주시고, 내가 그 부름에 응답하는 순간부터 우리 인생에는 여명이 찾아온다. 이는 마치 비바람 몰아치는 폭풍의 밤바다에서 등대를 찾았을 때의 환희와 같다.

신영복의 《담론》에 보면 그의 수감 생활 중 감동적인 장면 하나가 소개된다. 감옥에서는 수번(囚番)으로 호명하는 것이 규칙인데, 고암 선생이라는 분은 꼭 "자네 이름이 무언가?" 하면서 이름을 물어 보고는 수번 대신에 이름을 부르셨다고 한다.

"이름은 왜요? 그냥 번호 부르세요. 쪽 팔리게."

어쩔 수 없어 자기 이름이 '응일'(應一)이라고 했더니, 한 일 자 쓰느냐고 또 묻더랍니다. 그렇다고 했더니 "뉘 집 큰아들이 징역 와 있구먼." 혼자 말씀처럼 그러더래요. 이름자에 한 일 자 쓰는 사람이 대개 맏아들입니다. 영일이, 정일이, 태일이 등입니다. '뉘 집 큰아들이 징역 와 있구먼!' 하는 말을 듣고 나서 그날 밤 한잠도 못 잤다고 했습니다. 그동안 자기가 큰아들이라는 사실을 까맣게 잊고 있었던 것이지요. 부모님과 누이동생 생각으로 잠잘 수 없었습니다.[14]

이름을 불러 주었더니 그는 잠을 자지 못했다. 이름을 불러 주는 것은 그의 공리성이 아닌 존재성을 불러 주는 것이었다. 이름을 불러 주는 것이 참 스승이다.

시몬은 우유부단하고 혈기를 제어하지 못하는 대책 없는 사람이었다. 그런데 예수님은 그를 보시고 '베드로', 즉 '반석'이라고 부르셨다.

데리고 예수께로 오니 예수께서 보시고 이르시되 네가 요한의 아들 시몬이니 장차 게바라 하리라 하시니라 (게바는 번역하면 베드로라) 요 1:42

예수님이 그렇게 부르자 시몬은 진짜 하나님 나라의 반석 역할을 하게 된다.

부르심에 응답하는 자의 복

우리는 성경에서 우리의 이름을 부르시는 하나님을 만난다. "아담아!", "아브라함아!", "지렁이 같은 너 야곱아!", "삭개오야!", "사울아!"

하나님이 나의 이름을 불러 주시다니! 이에 더 이상 의미 없는 몸짓과 눈짓으로 살지 않겠다고 "아멘!" 하며 응답하는 순간, 기적이 일어난다.

누구든지 주의 이름을 부르는 자는 구원을 받으리라 롬 10:13

시인 장정일은 김춘수 님의 〈꽃〉을 패러디해서 재미난 라디오 이야기를 들려준다.

내가 단추를 눌러 주기 전에는
그는 다만 하나의 라디오에 지나지 않았다
내가 그의 단추를 눌러 주었을 때
그는 나에게로 다가와서 전파가 되었다
_〈라디오와 같이 사랑을 끄고 켤 수 있다면〉

또한 모 음악가전 회사 광고 공모전에서 수상한 카피에는 이런 구절이 들어 있다.

음악은 세 번 태어납니다.
베토벤이 작곡했을 때 태어나고
번스타인이 지휘했을 때 태어나고
당신이 들을 때 태어납니다.

이름을 불러 줄 때 잡초가 되지 않고 꽃이 된다. 단추를 눌러 줄 때 사각 입면체 라디오는 전파가 된다. 감동으로 들어 줄 때 음악은 다시 태어난다. 누군가를 살리고 싶으면 불러 주고 눌러 주고 들어 주어야 한다. 김춘수 님의 〈꽃〉 후반부는 이렇다.

내가 그의 이름을 불러 준 것처럼
나의 이 빛깔과 향기(香氣)에 알맞은
누가 나의 이름을 불러다오.
그에게로 가서 나도
그의 꽃이 되고 싶다.

어떤 인생이라도 누군가가 자신의 이름을 불러 주기를 기다린다. 어느 누구도 하나의 몸짓으로 끝나는 인생이 아니라, 누군가의 꽃으로 피고 싶고, 눈짓이 되고, 의미로 남고 싶은 것이다. 키케로는 "명예를 가볍게 여기라고 책에 쓰는 사람도 자기 이름을 그 책에 쓴다"라고 했다. 그만큼 누군가 내 이름을 불러 주기를 바라는 것이다.

전도하고 선교하는 것이 바로 그의 이름을 불러 주는 것이다. 그리하여 그가 하늘나라의 꽃으로 피어나도록 하는 거룩한 행위다. 한 영혼의 이름을 불러 주어 그가 하늘나라의 꽃으로 피어나는데 쓰임받는다면 이처럼 보람 있는 인생이 어디 있겠는가? 지금도 누군가는 자신의 이름을 불러 주길 기다리고 있다.

행복한 짜장면은 짬뽕을 부러워하지 않는다

한병철 | 피로사회

————— 짜장면이 제일 맛없을 때가 언제인가? 배부를 때? 아니다. 아무리 배가 불러도 짜장면 들어갈 배는 따로 있다. 그렇다면 퉁퉁 불었을 때? 이것도 아니다. 가위로 싹둑싹둑 잘라 먹으면 된다. 짜장면이 제일 맛없이 느껴질 때는 짬뽕 생각이 날 때이다. 그렇다면 짬뽕이 제일 맛없이 느껴질 때는? 당연히 짜장면 생각이 날 때이다. 그리하여 제일 불행한 짜장면은 자기 맛에 대한 자부심을 잃어버리고 짬뽕을 부러워하는 짜장면이다.

어느 시대, 어느 곳에서도 우리는 불행한 짜장면 불행한 짬뽕이 될 수 있다. 행복한 짜장면이 되기 위해 이야기를 시작해 보자.

긍정의 압박

지금도 우리 사회에 유행하고 있는 아픈 용어들이 있다. '이태백'. 20대 태반이 백수라는 말이다. '삼팔선'. 38세가 되면 슬슬 퇴직을 생각해야 한다는 말이다. '사오정'은 45세가 정년이라는 말이고, '오륙도'는 56세까지 일하면 도둑이라는 것이다. '육이오'도 있다. 62세까지 일하면 오적(五賊)이라는 의미이다. 그리고 새로운 말도 나왔다. '대오', 바로 취업이 안 된 대학생들을 가리키는 말인데 대학 5학년이라는 의미이다. '인구론'도 있다. 인문계의 90퍼센트 이상이 논다는 뜻이다.

이렇게 힘든 현실 가운데 우리 젊은이들을 더욱 힘들게 하는 것이 있다. 바로 "우리가 사는 세상은 무엇이든 할 수 있는 세상이야. 거지도 대통령이 될 수 있는 사회야!"라고 말하는 긍정 과잉! 이것이 젊은이를 더욱 숨 막히게 만든다. 들리지 않는가?

"거지도 대통령이 될 수 있는 사회에서 너는 지금 뭐하고 있니!"

독일 베를린 예술대학 교수로 재직 중인 한병철 교수는 《피로사회》에서 긍정 과잉으로 인한 극도의 피로감을 말한다. 한병철 교수는 지난 시대를 '부정성의 시대'라고 하면서 그때는 억압, 차별, 금지가 많았다고 한다. 지금은 '긍정성의 시대'라고 한다. 본래 '긍정'이란 좋은 희망의 상징이다. 그러나 현대는 단순한 긍정의 시대가 아니라 '긍정 과잉'의 시대이기에 문제라는 것이다. 그러면서 이렇게 말했다.

＊

우울증, 소진증후군, 주의력 결핍, 행동과잉장애 같은 오늘날의 정신 질환은 심적 억압이나 부인의 감정과는 무관하다. 그것은 오히려 긍정성의 과잉, 즉 부인이 아니라 아니라고 말할 수 없는 무능함, 해서는 안 됨이 아니라 전부 할 수 있음에서 비롯한다.[15]

'지금은 무엇이든 할 수 있는 무한한 긍정의 사회이고, 너 또한 무한 긍정의 존재이니 이러저러한 성과를 내야 하지 않겠는가?'라고 압박하는 사회. 오늘날의 과잉 긍정은 성과를 요구하고, 그 성과를 내지 못할 때 우리는 무능하고 우울한 존재로 전락하게 된다는 것이다. 이것이 '피로사회'이다.

＊

규율 사회의 부정성은 광인과 범죄자를 낳는다. 반면 성과 사회는 우울증 환자와 낙오자를 만들어낸다.[16]

그러나 주님은 우리를 무엇이든지 할 수 있는, 또한 무엇이든지 해야 하는 무한 질량의 존재라고 말씀하시지 않았다. 주님이 원하시는 사람은 무엇이든 다 하고 무엇이든 다 잘하는 사람이 아니라, 주님이 내게 하라고 하신 그 일을 발견하고 그 일을 자부심 있게 하며 불꽃같이 타오르는 사람이다.

나의 춤을 추자

켄 블렌차드의 《칭찬은 고래도 춤추게 한다》라는 책이 있다. 춤을 출 몸 구조가 아닌 고래도 극진한 칭찬을 받으면 춤을 춘다는 것이다. 고래가 춤추게끔 하는 정성을 사람에게 1/10만 쏟으면 모든 사람이 춤을 추게 될 것이라는 좋은 뜻이다. 그러나 고래는 춤을 추려고 창조된 존재가 아니다. 고래는 바다에 있어야 한다. 바둑평론가이자 소설가인 이인환은 "고래여, 춤추지 말라"라고 한다.

고래는 지구상 최대의 동물이다. (중략) 그런 고래를 춤추게 하고자 하는 세상이 있다. 그 세상 사람들은 고래를 가둬두고 춤을 추게 한다. 춤이란 원래 스스로의 신명이 몸짓으로 발현되는 것인데, 그 춤은 그게 아니다. (중략) 사람이나 고래나 그 존재의 목적이 행복이라고 할 때 춤을 추는 것이 고래에게 행복한 일은 아니다. (중략) 고래여, 칭찬에 현혹되지 말라. 그 칭찬은 너의 몸을 병들게 하고 너의 자유를 빼앗는다. 너의 몸은 위대하며 너의 자유는 대양의 넓이만큼 가없다.[17]

고래는 바다에서 훨훨 유영을 하면 된다. 그것이 고래의 춤이다. 그에게는 그의 춤이 있고, 나에게는 나의 춤이 있다. 내가 그의 춤을 추려고 해서는 안 된다.

예수님은 십자가에서 돌아가실 때 '다 이루었다'라고 말씀하셨다.

예수께서 신 포도주를 받으신 후에 이르시되 다 이루었다 하시고 머리를 숙이니 영혼이 떠나가시니라 요 19:30

아직도 예수님의 사랑과 능력을 필요로 하는 수많은 사람들이 있다. 병든 사람, 귀신들린 사람, 눌린 사람들이 많다. 그런데 다 이루셨다니! 그 비밀은 예수님의 기도에 들어 있다.

아버지께서 내게 하라고 주신 일을 내가 이루어 아버지를 이 세상에서 영화롭게 하였사오니 요 17:4

예수님이 다 이루신 것은, 아버지 하나님께서 '내게 하라고 주신 일'이었다. 아직도 이 땅에서 해야 할 일이 많이 있는 것 같지만, 예수님에게 가장 중요한 일은 십자가에서 피 흘리심으로 구원을 주시는 일이었다. 그것이 예수님을 이 땅에 보내신 하나님의 중요한 목적이었다. 예수님은 그 일에 집중하셨으며, 마침내 그 일을 이루신 것이다. 그래서 "다 이루었다"라고 말씀하신 것이다.

사도 바울도 그랬다. 그가 모든 일을 다 한 것은 아니다. 하나님께서는 베드로에게 할례자, 즉 유대인의 사도의 사명을 주

섰다. 바울은 이방인의 사도가 되게 하셨다.

> 베드로에게 역사하사 그를 할례자의 사도로 삼으신 이가 또한
> 내게 역사하사 나를 이방인의 사도로 삼으셨느니라 갈 2:8

사도 바울은 자신이 받은 사명 곧 이방인에게 복음을 증거하는 삶에 집중한 것이다.

> 내가 달려갈 길과 주 예수께 받은 사명 곧 하나님의 은혜의 복
> 음을 증언하는 일을 마치려 함에는 나의 생명조차 조금도 귀한
> 것으로 여기지 아니하노라 행 20:24

여기서 우리는 하나님께서 우리에게 주시는 중요한 삶의 원리를 배울 수 있다. 우리가 모든 일을 다 이루는 삶을 살 수 없다. 주님이 내게 하라고 하신 그 일을 하며 살 때 가장 영광스러운 삶을 사는 것이다.

시인 천상병은 "바람에게도 길이 있다"라고 했다. 무한한 창공을 나는 것 같은 비행기에게도 길이 있고, 바람에게도 길이 있다. 이렇듯 만물에게 모두 길이 있는데, 사람은 두말할 것도 없다. 무한한 길이 보이는 듯한 세상이지만, 하나님이 내게 하라고 하시는 일이 있다. 비전 있는 사람은 무엇이든 다 하고 잘하는 사람이 아니라, 내게 하라고 하신 그 일을 자부심 있게 하며

타오르는 사람이다. 그렇지 않으면《피로사회》속에서 '피로 인생'을 살게 된다.

호박에 줄긋는다고 수박 되냐고 한다. 역으로 수박에서 줄을 지운다고 호박이 되지도 않는다. 수박은 수박의 맛이 있고, 호박은 호박의 맛이 있다. 수박이 부럽다고 호박이 제 몸에 줄을 그을 필요가 없다. 태양이 부럽다고 달이 제 몸을 불덩이로 태울 필요도 없다. 돼지가 코끼리 코를 보고 부러워할 것 없다. 그대로 내 멋을 내면 된다.

짜장면은 짜장 맛을 내면 되고, 짬뽕은 짬뽕 맛을 내면 된다. 짜장면이 짬뽕의 국물 맛을 보고 고개 숙일 필요가 없다. 짜장면이 탕수육의 아삭한 맛을 보고 기죽을 필요 없다. 짜장면은 짬뽕과 탕수육이 흉내 낼 수 없는 짜장 맛을 내면 되는 것이다.

내가 할 일이 있고, 그가 할 일이 있다. 하나님이 내게 하라고 하신 일 그 일을 하면 된다.

행복한 짜장면은 짬뽕을 부러워하지 않는다!

「던져진 존재가 아닌 보내진 존재야!」

헤밍웨이 | 노인과 바다

─────── 주인공 산티아고는 쿠바 북쪽 해안 멕시코 만류에서 조그만 조각배를 띄워 고기를 잡는 늙고 가난한 어부다. 이웃 소년 마놀린과 함께 배를 타는 것이 작은 즐거움이었다. 그러나 84일 동안 한 마리의 고기도 잡지 못하자, 사람들은 노인을 가리켜 '살라요'(최악의 사태, 완전한 몰락)가 되었다고 수군거렸고, 소년의 부모도 소년을 다른 배의 조수로 보낸다.

이제 산티아고 노인은 홀로 먼 바다까지 나간다. 그리고 마침내, 그의 낚싯대에는 거대한 물고기 한 마리가 걸린다. 사흘간의 사투 끝에 노인은 대어를 낚아 집으로 향한다.

그러나 피 냄새를 맡고 상어 떼가 따라와 달려들고, 이를 물리치기 위해 노인은 다시 한 번 목숨을 건 사투를 벌인다. 겨우 항구에 닿았을 때, 그가 잡은 고기는 상어 떼의 공격으로 뼈만 앙상하게 남았다.

노인은 지친 몸을 이끌고 언덕 위에 있는 자신의 오두막으로 가서 정신없이 잠이 든다. 노인이 잠든 사이 소년은 노인의 상처 투성이 손을 보고 눈물을 흘린다. 관광객들은 머리와 꼬리만 남은 큰 물고기를 신기한 듯 구경한다. 노인은 또다시 꿈속에서 아프리카 사자의 꿈을 꾼다.

현존재의 인간

84일 동안의 빈손, 고기를 잡지 못해도 다시 배를 띄우는 이유는 바다가 그의 삶이기 때문이다. 넓디넓은 바다, 큰 고기와의 투쟁, 상어 떼와 벌이는 사투! 그럼에도 불구하고 다시 빈손이 되어 버리는 결말! 〈노인과 바다〉는 참 쓸쓸한 이야기를 보여 준다. 망망대해에 한 척의 배처럼 '던져진 존재', 이 고깃배에 가끔 고기가 걸리지만 곧이어 상어 떼같이 무시무시한 적들이 공격을 해 오고, 결국 손에 남는 것은 앙상한 뼈 밖에 없는 것이 인생이라는 것이다.

이 작품을 읽을 때마다 노인이 보일 수도, 바다가 보일 수도, 소년이 보일 수도 있다. 아니면 큰 물고기와 상어 떼가 보일 수도 있다. 이 작품을 읽고 눈을 감으면 한 폭의 그림이 떠오른다.

망망대해에 외로이 던져진 고깃배 한 척! 그 배를 타고 있는 늙은 어부 한 사람. 그리고 늙은 어부의 깊게 파인 주름 사이로 스미는 강렬한 햇살!

이 그림과 시편 23편을 읽을 때 떠오르는 그림과는 너무나 큰 차이가 난다. 푸른 풀밭과 쉴만한 물가, 싱그런 바람, 그리고 목자 되시는 주님과 그의 사랑하는 양들!

여호와는 나의 목자시니 내게 부족함이 없으리로다 그가 나를 푸른 풀밭에 누이시며 쉴 만한 물 가로 인도하시는도다

시 23:1,2

〈노인과 바다〉는 '던져진 존재'를 말하지만, 주님은 우리가 '보내진 존재'라고 하신다.

노르웨이의 위대한 현대 화가인 에드바르트 뭉크는 고통, 죽음, 불안 등을 주제로 미술사의 흐름에 한 전환점을 제기했다. 그가 같은 배경에 다른 모습을 그린 '불안 3부작'인 〈절망〉, 〈절규〉, 〈불안〉은 현대인의 내면을 가장 잘 표현한 작품이라는 찬사를 받는다.

뭉크의 표현대로 많은 학자들이 현대를 '불안의 시대'라고 한다. 존 케네스 갤브레이스는 세계적인 명저 《불확실성의 시대》에서 현대 사회를 불확실, 불확신성의 시대로 규정했다. 그는 사회의 예측 가능성이 점점 낮아지고 불확실성이 커질수록 불안은 커지고 있다고 했다. 인간은 언제나 불안했지만 현대는 더욱

그러하다. 미국 시인 W. H. 오든은 〈불안의 시대〉라는 작품으로 퓰리처상을 받았다. 세계적인 작곡가 레너드 번스타인은 오든의 시에서 영감을 얻은 피아노와 관현악곡 〈불안의 시대〉를 작곡했다.

이러한 '불안'을 철학적 의미로 해석한 사람이 마르틴 하이데 거이다. 그는 우리가 어디서 와서 어디로 가는지 모르고 '내던져 진 존재'라는 것이 불안의 근본 이유라고 했다.

하이데거와 같은 실존주의 철학자들에 의하면 우리의 존재란 아무런 목적 없이, 우연히, 도저히 이길 수 없을 것 같은 세상에 '던져진 존재'이다. 자신의 의사와는 무관하게 이 세상에 내던져 진, 이른바 피투성(被投性) 존재라는 것이다. 그러기에 피투성이가 되어도 언제나 존재론적 불안과 염려를 가지고 있다고 했다.

〈노인과 바다〉처럼 상어 떼가 우글거리는 바다에 던져진 존재. 이 '내던져짐'(Geworfenheit)에는 하나님의 섭리도, 운명도 없다. 그저 모든 것이 인간에게 맡겨져 있다. 그래서 하이데거는 인간을 '인간'이라 부르지 않고 '현존재'(Dasein)라고 불렀다. '현존재'는 '거기(da)에 있는 존재(Sein)'라는 뜻이다.

'거기'란 던져진 자리, 모든 것이 자기의 선택과 결단에 맡겨져 있는 자리를 말한다. 이 선택과 결단에 의해서 존재의 의미가 밝혀진다. 이 자리에 있는 인간은 모든 것이 자신의 선택과 결단에만 맡겨져 있기에 언제나 불안해하며 염려한다.

의미를 가진 존재

간단히 말해 보자. 인간의 존재론적인 불안은 주님을 멀리하고 떠났기 때문이다. 인간은 아름다운 에덴동산에서 하나님과 교제하는 기쁨으로 살았다. 그러나 하나님을 떠난 순간 인간의 심령에 찾아온 변화는 바로 존재론적인 두려움과 불안이다.

이르되 내가 동산에서 하나님의 소리를 듣고 내가 벗었으므로 두려워하여 숨었나이다 창 3:10

그러나 예수님을 영접해 하나님의 자녀가 된 우리는, 지도(地圖)도 없는 큰 바다 가운데 가련하게 던져진 존재가 아니다. 텅 빈 무대에 대본 없이 던져진 배우도 아니다. 하나님은 우리를 '보내진 존재'라고 하신다.

보라 내가 너희를 보냄이 양을 이리 가운데로 보냄과 같도다 그러므로 너희는 뱀같이 지혜롭고 비둘기같이 순결하라 마 10:16

우리에게는 우리를 이 땅에 보내신 하나님이 계시고, 보내신 분의 뜻, 즉 비전이 있고, 우리를 보내신 하나님이 지금도 임마누엘로 함께하신다. 우리는 무의미하게 우연히 던져진 존재가 아니라, 하나님의 선한 뜻이 있어 이 땅에 '보내진 존재'이다.

구약성경을 보면 던져진 것 같으나 던져지지 않은 사람이 나온다. 다니엘이다. 남 왕국 유다의 귀족 자손이었던 그는 주전 605년경 느부갓네살 왕의 유다 1차 침입 당시 바벨론으로 끌려갔다. 이후 바벨론 제국을 다스린 다리오 왕은 고관 120명을 세워 전국을 통치하면서 그들 위에 총리 셋을 두었는데, 다니엘은 그중 한 사람이 되었다.

다니엘은 뛰어난 일처리로 관리들 사이의 군계일학(群鷄一鶴)이었다. 이를 시기한 다른 관리들이 다니엘을 고발할 근거를 찾으려 했지만 아무런 허물도 찾을 수 없었다. 결국 그들이 짜낸 계략은 30일 동안 왕 외의 다른 신이나 사람에게 무엇을 간구하는 사람은 사자 굴에 집어넣기로 한다는 금령이었다. 다니엘은 이 법을 알고서도 언제나 그랬던 것처럼 예루살렘을 향해 하루세 번씩 무릎을 꿇고 하나님께 감사 기도를 드렸다. 목숨을 건 기도였다.

그물에 걸려들었다고 신이 난 모사꾼들은 왕에게 이 사실을 알리고 다니엘을 사자 굴에 던져 넣어야한다고 주장했다. 왕은 다니엘을 아꼈기에 도와주려 했다. 그러나 관리들의 아우성에 밀려 다니엘은 결국 사자 굴에 던져지게 되었다. 사자 굴에 '던져진' 다니엘!

그러나 다니엘은 던져진 것이 아니었다. 왕이 이튿날 사자 굴에 가보니 다니엘이 무사한 것이 아닌가? 어찌된 일인가? 하나님이 다니엘과 함께하셨다. 다니엘은 이렇게 간증했다.

나의 하나님이 이미 그의 천사를 보내어 사자들의 입을 봉하셨으므로 사자들이 나를 상해하지 못하였사오니 이는 나의 무죄함이 그 앞에 명백함이오며 또 왕이여 나는 왕에게도 해를 끼치지 아니하였나이다 하니라 단 6:22

하나님이 사자들의 입을 봉하시며 다니엘과 함께하신 것이다. 왕은 다니엘을 참소했던 자들을 사자 굴에 던졌다. 그랬더니 사자들이 그들의 뼈까지도 부서뜨렸다. 하나님이 함께한 다니엘은 다리오 왕과 고레스 왕 시대까지 아낌을 받는 복된 존재가 되었다.

사자 굴에 던져진 것 같았으나 던져진 존재가 아니었던 다니엘. 우리도 그러하다. 다시 한 번 강조한다. 우리는 보내진 존재이다. 하나님이 우리를 이 땅에 보내셨고, 보내신 분의 뜻(비전)이 있고, 보내신 분이 지금도 함께하신다.

나는 알고 있는가

〈노인과 바다〉의 저자인 헤밍웨이는 안타깝게도 사냥총으로 자살했다. 자살 이유에 대해서는 여러 가지 추측이 있다. 우울증, 알코올중독, 가정불화, 더 좋은 작품을 못 쓸 것 같다는 중압감, 외부 압력설…. 그의 자살 앞에서 신앙인이 가지는 고전적인 생각을 해본다.

'헤밍웨이가 하나님을 알았으면 얼마나 좋았을까?'

〈노인과 바다〉에서 최고의 구절로 회자되는 것이 있다. 노인이 물고기와 사투를 벌이면서 하는 말이다.

"인간은 파괴될 수는 있어도 패배하지는 않는다"(A man can be destroyed but not defeated).

헤밍웨이는 인간의 불굴의 의지, 승부를 넘어선 인간의 존엄성을 말하려고 했던 것일까? 그러나 노인과 헤밍웨이의 진짜 실존을 보여 주는 구절은 따로 있다고 본다. 작품 중 노인은 거대한 물고기를 배에 묶으며 이렇게 생각한다.

'물고기가 나를 데리고 가는 것일까, 아니면 내가 물고기를 데리고 가는 것일까?'

하나님이 없는 인생은 넓디넓은 바다 한가운데에서 어디로 가야 할지도 모르면서, 어디서 나타났는지도 모르는 상어 떼와 싸우며, 앙상하게 뼈다귀만 남은 고기를 끌고 간다. 물고기가 자신을 데리고 가는 지, 자신이 물고기를 데리고 가는 지도 모르는 채.

「나는 너를 버리지 않아!」

메리 셸리 | 프랑켄슈타인

─────── 거대한 체구에 커다란 머리, 툭 튀어 나온 이마에는 스테이플러로 찍어 붙인 듯한 찢어진 흉터가 있고, 양쪽 관자놀이에는 나사못이 박힌 강렬한 시각적 이미지의 괴물. 《프랑켄슈타인》에 나오는 괴물의 모습이다. 이 괴물은 현대 괴기물의 상징적인 아이콘이다.

사랑받지 못함의 비극

물리학자 빅토르 프랑켄슈타인은 야심차게 생명창조의 연구를 시작한다. 수없는 실패 후, 해부실과 도살장에서 사체를 조합해 인간을 창조하는 데 성공한다. 그러나 기쁨은 잠시. 그는 자신이 만든 피조물을 보고 경악한다. 기대했던 사랑스런 모습이 아니라, 차라리 괴물이었기 때문이다.

한편 이 괴물은 외롭다면서 사랑할 여자를 만들어 달라고 부탁한다. 프랑켄슈타인은 기막혀 하며 냉정하게 요구를 거절한 후 떠나 버린다. 괴물은 떠나는 프랑켄슈타인을 아버지라 부르며 애처롭게 붙잡는다. 프랑켄슈타인은 그런 괴물에게 폭언까지 하며 떠난다. 괴물은 자신을 버린 이 비정한 아버지에게 복수하기로 결심한다.

괴물은 먼저 허름한 축사로 몸을 숨긴다. 그리고 그곳에서 단란한 가족의 모습을 관찰하며 인간의 언어를 익히고 사유 능력까지 배운다. 이제 복수 준비를 마친 괴물은 마을로 숨어든다. 그리고는 프랑켄슈타인의 동생과 아내까지 살해하고 북극으로 도망간다. 이 사실을 전해들은 프랑켄슈타인은 절규한다. 그리고 괴물을 죽이기 위해 북극으로 떠난다. 그러나 그는 탐험대 배 안에서 참혹한 죽음을 맞는다. 그의 죽음을 확인한 괴물은, 탐험 대원들에게 스스로 몸을 불태우겠다는 말을 남기고 사라진다. 이후, 이 괴물을 보았다는 사람은 아무도 없었다.

창조 박사와 피조물 사이의 불편한 증오, 복수, 그리고 죽음. 왜 이런 비극이 일어났을까? 어디부터 어긋났던 것일까? 프랑켄슈타인은 자신이 만든 피조물에게 철저하게 무관심했다. 사랑에 대한 좌절이 미움이라면, 사랑하는 마음의 죽음이 바로 무관심이다. 무관심은 가장 비인간적인 요소이다. 무관심하면 그가 무슨 말을 해도 무감동(無感動)하는 법. 그는 괴물이 어떤 말을 해도 무감동했고, 그에게 한 번도 따뜻한 사랑을 보여 주지 않았다. 이것이 그를 진짜 괴물로 만들었다.

사랑을 받지 못하면 괴물이 된다. 사랑받지 못하고 거부당한다고 느끼면 몸까지 아프다. 그리고 사랑받지 못한 자의 촉수는 극도로 예민해진다. 상상을 초월하는 피해의식 속에 지옥 같은 생활을 하게 된다. 사랑과 인정을 받기 위해 미친 존재감을 드러내려 한다. 그것이 괴물 같은 행동으로 나타난다.

마더 테레사는 이렇게 말했다.

✤

세상에는 셀 수 없이 많은 고통들이 있습니다. 굶주림에서 오는 고통, 집이 없어서 오는 고통, 모든 질병에서 오는 고통. 그러나 이것은 물리적인 것입니다. 가장 큰 고통은 외로운 것, 사랑받지 못하는 것, 옆에 아무도 없는 소외감이 아닐까요. 인간이 체험할 수 있는 가장 몹쓸 병은 '누구도 자신을 원치 않는다는 것'임을 살아갈수록 더욱 절실히 느끼고 있습니다. [18]

리들리 스콧 감독의 영화 〈글래디에이터〉를 보면 사랑받지 못한 아들이 괴물로 변해 모두를 몰락시키는 이야기가 나온다.

절정기의 로마제국은 아프리카 사막에서 잉글랜드 북쪽까지 광활한 영토를 지배했다. 마지막 남은 다뉴브 강가 전투에서 막시무스 장군이 대승해 정점을 찍는다. 당시 황제는 철인 황제로 알려진 마르쿠스 아울렐리우스이다. 그는 막시무스 장군을 몹시도 친애했다. 마침내 마르쿠스 아우렐리우스는 로마의 번영을 위해 아들이 아닌 막시무스에게 왕위를 넘겨주기로 한다. 이에 아들 코모두스를 불러 자신의 의중을 말한다. 이 때 코모두스는 절규하며 이렇게 말한다.

"당신은 절 아들로서 원하지 않는 겁니다. 전 아버지가 자랑스럽도록, 아버지를 기쁘게 하기 위해 노력했습니다. 아버지가 따뜻한 말 한마디만 해 주셨더라도, 한 번만이라도 저를 꼭 안아 주셨더라도 저는 평생토록 기뻐했을 겁니다. 저의 무엇이 그렇게도 싫으신 거죠?"

코모두스는 이렇게 절규한 후 아버지 마르쿠스 아우렐리우스의 목을 졸라 살해한다. 황제 아버지의 사랑과 인정을 받지 못한 아들은 프랑켄슈타인 괴물로 변한 것이다. 물론 이 장면이 역사적 사실은 아닐 것이다. 그러나 사랑과 인정을 받지 못한 자의 비극이 큰 공명이 되어 울린다.

실제로 코모두스는 황제의 자리에 오른 후 방탕한 생활과 광기로 흥청거렸다. 그간 로마제국은 '팍스 로마나'로 불리는 평화의 200년을 누렸다. 특히 '오현제'로 알려진 다섯 명의 선하고 지혜로운 황제가 다스리던 로마는 최고의 절정기에 이르렀다. 그러나 코모두스 때부터 로마는 몰락하기 시작했다. 18세기 영국의 역사가인 에드워드 기번은 그의 명저 《로마제국 흥망사》

에서 로마제국이 코모두스 황제 시대부터 멸망의 길을 걸었다고 평가한다. 사랑과 인정을 받지 못한 사람이 황제가 되었을 때, 온 나라가 휘청이며 비틀거렸던 것이다.

사람은 사랑으로 피어나는 존재

프랑켄슈타인과는 너무나 다른 하나님의 사랑이 여기 있다. 괴물이었던 우리가 하나님의 사랑을 입어 꽃으로 피어났다.

'하나님의 사랑'은 인간이 흔히 말하는 사랑이라는 말로 충분히 담을 수가 없다. 우리는 얼마나 이기적이고 자기중심적인 사랑이 많은가. 그래서 하나님은 하나님의 사랑을 나타낼 수 있는 독특한 단어를 사용하셨는데, 그것이 바로 '아가페'라는 단어이다. 신약성경 곳곳에 아가페 사랑이 나온다. 그중에 대표적인 것이 로마서 5장의 사랑 이야기이다.

우리가 아직 연약할 때에 기약대로 그리스도께서 경건하지 않은 자를 위하여 죽으셨도다 롬 5:6

우리가 아직 죄인 되었을 때에 그리스도께서 우리를 위하여 죽으심으로 하나님께서 우리에 대한 자기의 사랑을 확증하셨느니라 롬 5:8

곧 우리가 원수 되었을 때에 그의 아들의 죽으심으로 말미암아 하나님과 화목하게 되었은즉 화목하게 된 자로서는 더욱 그의 살아나심으로 말미암아 구원을 받을 것이니라 롬 5:10

우리가 아직 연약할 때, 우리가 아직 죄인 되었을 때, 우리가 원수 되었을 때, 하나님이 우리를 사랑하셨다고 했다. 다시 말해 하나님은 우리가 사랑받을만한 자격이 있을 때 사랑하신 것이 아니다. 우리 스스로 하나님을 떠나 무기력하고, 하나님과 원수가 되고, 괴물이 되었을 그때에, 독생자 예수님을 보내 주셔서 죽기까지 우리를 사랑하셨다. 눈물겨운 주님의 사랑이다.

성경의 두 기둥을 이루는 신학은 창조 신학과 구원 신학이다. '하나님의 창조'에는 하나님의 위대하심과 영광이 나타난다. 그런데 '하나님의 구원'에는 하나님의 뜨거운 사랑이 나타난다. '창조'는 하나님께서 그의 말씀으로 하셨다. 그러나 '구원'은 수많은 세월을 인내하시며, 예수님을 십자가에 못 박기까지 하시면서 이루셨다. 죄인 되고 괴물 된 우리를 버리고 새로운 창조를 하셔도 되는데, 하나님은 끝까지 우리를 사랑하시며 구원을 이루신 것이다.

어느 화가가 이렇게 말했다.

"이 흰 종이 위에 아무 낙서나 해 보십시오."

사람들이 비뚤비뚤 낙서를 했다. 그러자 그 화가는 그 낙서를 바탕으로 멋진 그림을 완성했다.

하나님의 사랑이 이와 같다.

"낙서 같은 너의 인생 속에서도, 기필코 포기하지 않고 위대한 작품을 만들어 내리라. 합력해 선을 이루리라. 너를 향한 나의 사랑은 낙서 따위가 막을 수 없으리라!"

이런 사랑을 받은 자는 고운 꽃으로 피어난다. 반면 아무리 아름다운 꽃이라도 이름을 불러 주지 않으면 잡초가 된다. 프랑켄슈타인이 만든 그 괴물에겐 이름조차 없었다. 창조 박사가 이름도 안 지어 준 것이다. 그는 괴물을 있으나 마나한 존재, 아니 있어서는 안 되는 존재로 여겨 버린 것이다. 이렇게 미움받으니 괴물은 진짜 괴물이 되어갔다. 그러나 예수님은 죄로 물들어 괴물 같은 우리에게 이름을 불러 주신다.

"삭개오야 내려오라!"

그 사랑, 그 이름을 불러 주심이 있었기에, 우리는 프랑켄슈타인의 괴물이 되지 않고, 하늘나라의 꽃으로 살아가는 것이다. 하나님의 지극한 사랑을 받은 우리는 프랑켄슈타인 괴물이 아니다. 아무리 실패하고 넘어져도 여전히 하늘나라의 꽃이다. 그러니 꽃처럼 웃자. 이웃을 향해 황홀하게 눈 맞추며 축복하자.

우리는 상품이 아닌 걸작품

봉이 김선달 | 한재욱

갈대 사이를 지나는 바람 100,000원

내리지 않고 공중에 가득 찬 가랑비 500,000원

달빛 200,000원

중력 법칙 1,000,000원

유순한 그늘 50,000원

뭉게구름 몇 묶음 700,000원

아침에 잘못 뜬 달 300,000원

별 헤는 밤을 이해할 수 있는 시심(詩心) 1,000,000원

물이 변하여 구름이 되고

안개가 되고 얼음이 되는

마술쇼 120,000원

이 모든 것을 팔아 부자가 된 사람이 죽어 하나님을 만났다.

하나님이 말씀하셨다.

내가 준 공짜로 넌 숫자를 매기고 돈을 벌었구나.

말할 수 없는 것은 침묵해야 하듯이, 크디큰 복은 돈과 숫자로 계량화할 수 없다. 현대 사회는 '모든 것이 돈으로 환산될 수 있다'라는 상품화 공식을 만들어 냈다. 마치 블랙홀(Black hole, 강한 중력에 의해 빛조차 빠져나올 수 없어서 검게 보이는 천체)처럼 그 공식 속으로 빨려 들어가면 어김없이 숫자가 되어 화이트홀(white hole, 모든 것을 빨아들이는 블랙홀에 반하여 모든 것을 내놓기만 하는 천체)로 나오게 된다. 예술과 아름다움까지도 돈으로 환산하고, 사람도 그가 버는 돈으로 순위가 매겨진다.

돈으로 살 수 없는 것들이 있다. 예를 들어 희망, 우정, 사랑, 배려, 열정, 미래, 시간, 생명과 같은 것들이다. 그런데 현대 사회는 값을 매길 수 없는 것들을 돈으로 사고팔려 하면서 비극이 발생한다.

없어도 생명에 지장이 없는 것들은 엄청나게 비싸다. 명품, 보석, 골동품…. 인류 역사에 보석이나 명품이 없어서 망한 예는 없다. 반면에 흙, 물, 공기, 햇빛은 지천에 공짜로 널려있다. 휘영청 보름달은 공짜 덤이다. 그런데 이것들이 사라지면 생물체는 멸종한다.

하나님은 가장 가치 있는 것들을 공짜로 주셨다. 그런데 이

귀한 공짜마저도 점점 돈 주고 사야 하는 세상을 그분은 어떻게 바라보실까.

절대 가치를 지닌 인간

제2차 세계대전 때 독일 나치는 유대인을 600만 명이나 학살했다. 말이 600만 명이지 사실 생사람을 그렇게 죽인다는 것은 아무리 악마의 탈을 써도 쉽지 않은 것이다. 이에 나치는 고도의 심리적인 전술을 썼다. 수만 명이나 수용되어 있는 수용소에 화장실을 몇 개 짓지 않았던 것이다. 결국 유대인들은 숙소에 배설할 수밖에 없었다. 숙소는 짐승의 우리처럼 자신들의 배설물로 가득 찼다. 나치가 이를 통해서 얻고자 하는 것은 인간 자존감의 몰락이다. 나치는 유대인을 죽이며 이렇게 말했던 것이다.

"나는 지금 인간이 아니라 돼지를 죽이고 있다."

악한 마귀가 우리에게 노리는 노림수가 이것이다. 마귀는 우리의 자존감을 무너뜨려 삶을 무너지게 한다.

이 가운데 기적적으로 수용소에서 살아남은 사람이 있다. 그는 반 컵의 물 때문에 살았다고 한다. 매일 새벽이면 커피 한 잔이 배급되었는데, 이름만 커피일 뿐 미지근한 물에 지나지 않았다고 한다. 살아남은 그는 그 물을 반 컵만 마시고 나머지로는 이를 닦고 세수를 했다. 그러자 나치들이 그에게만은 함부로 대하지 못했다는 것이다. 물 반 컵으로 세수를 하고 그는 눈으로 이런 말을 한 것이다.

"나는 돼지가 아니야! 나는 하나님의 최고 작품인 인간이야!"

수용소의 유대인처럼 마귀는 예수님을 상품화 시키려 했다.

마귀는 광야에서 예수님 보고 돌로 떡을 만들라고 유혹했다. 그런데 마귀가 던진 말을 구체적으로 살피면 단지 떡 즉 굶주림의 문제가 아니다.

시험하는 자가 예수께 나아와서 이르되 네가 만일 하나님의 아들이어든 명하여 이 돌들로 떡덩이가 되게 하라 마 4:3

'네가 하나님의 아들이어든', 즉 돌을 떡으로 만들면 하나님의 아들인 것을 인정해 주겠다는 의미이다. 다시 말해 돌을 떡으로 만드는 '능력'으로 하나님의 아들인 것을 증명하라는 것이다. 이것이 바로 상품화이다. 소유와 능력으로 인정받는 상품화 세계와 같이 예수님을 상품 취급한 것이다. 예수님은 이러한 계략에 넘어가지 않으면서 이렇게 말씀하셨다.

예수께서 대답하여 이르시되 기록되었으되 사람이 떡으로만 살 것이 아니요 하나님의 입으로부터 나오는 모든 말씀으로 살 것이라 하였느니라 하시니 마 4:4

예수님은 무엇보다도 '기록되었으되'라고 선언하신다. 무슨 의미인가? 예수님은 자신의 정체성을 사람들이 인정하는 능력에서 찾는 것이 아니라, 하나님의 말씀에서 찾고 계신 것이다. 즉, 돌을 떡으로 만들던 안 만들던 상관없이, 하나님이 자신을 하나님의 아들이라고 하시니까 하나님의 아들이라는 선언이다. 상대화 상품화 될 뻔한 계략 속에서 다시금 절대화, 작품화 하신 것이다.

우리는 하나님의 걸작품이다. 우리의 존재 가치는 우리의 능력이나 성공 여부, 인기나 평판과는 상관없다. 우리는 하나님이 아들을 희생하실 만큼 사랑하시는 가치 있는 존재이다.

에베소서 2장 10절에 보면 기절할 것 같은 구절이 나온다.

우리는 그가 만드신 바라 그리스도 예수 안에서 선한 일을 위하여 지으심을 받은 자니 이 일은 하나님이 전에 예비하사 우리로 그 가운데서 행하게 하려 하심이니라 엡 2:10

"우리는 그가 만드신 바라"(우토 가르 에스멘 포이에마). 이 구절에서 '만드신 바라'라고 번역된 헬라어 원문은 '포이에마'이다. 포이에마에서 영어의 'poem', 즉 '시'가 나왔다. 우리는 하나님의 포이에마, 걸작품 시라는 것이다. 새번역은 이 부분을 "우리는 하나님의 작품입니다"라고 번역했다. 나는 하나님이 심심풀이로 한 번 만들어 본 습작품이 아니라, 작품 중에서도 걸작이라는 것이다.

일류와 삼류의 차이

일류 도공(陶工)과 삼류 도공의 차이점이 있다. 삼류 도공은 자신의 도자기를 깨지 못한다. 그래서 그가 파는 작품은 모두가 싸구려이다. 그러나 일류 도공은 1년 아니 10년에 단 하나의 작품 밖에 만들지 못하더라도, 최상의 작품이 나올 때까지 수백 번이라도 깨버린다.

일류 소설가와 삼류 소설가의 차이가 있다. 삼류 소설가는 자신이 알고 있고 연구한 것이 아까워 하나도 버리지 못한다. 어떻게 하든 자신의 소설 속에 모든 것을 다 넣으려고 한다. 그래서 초점이 흐려지고 산만해 진다. 반면에 일류 소설가는 많은 것을 알고 있어도 버릴 줄 안다. 가장 절제된 최상의 언어로 한 올 한 올 빛의 글을 만들어 낸다.

'시'는 그렇게 나온다. 한 구절 시가 나오기까지 시인은 밤마다 그렇게 울었다. 그래서 시는 벙어리 소녀의 눈빛같이 강렬하게 가슴에 박히는 것이다.

더 깊이 들어가 보자. 프랑스 사실주의 문학파의 대가 귀스타브 플로베르(Gustave Flaubert)는 '일물일어설'(一物一語設)을 말했다. 하나의 사물을 표현하는 언어는 하나뿐이라는 것이다. 일물일어설은 글을 쓰는 사람들에게 중요한 원리이다. 일본의 세계적인 작가 무라카미 하루키도 이렇게 말할 정도이다.

욕실의 좁은 틈새에 딱 들어맞는 타일을 고르듯이 그 자리에 꼭
필요한 언어를 신중하게 선택하고 다양한 각도에서 그것이 맞춰
진 상태를 검증한다.[19]

하나의 사물에 하나의 언어. 그러기에 시의 언어란 모래 속에
서 사금을 골라내듯, 시인이 치열하게 그 하나의 언어를 골라내
는 조탁(彫琢) 속에 나온 것이다.

우리는 메뉴판에 800원이라고 값이 매겨진 카프카 커피처럼
상품이 아니다. 값을 매길 수 없는 하나님의 걸작품 시이다. 악
한 마귀는 우리를 자꾸 상품화해 너는 4등급 5등급이라고 하면
서 무기력하게 만든다. 속지 말아야 한다.

다시 강조해도 과함이 없다.

"우리는 하나님의 시, 하나님의 걸작품이다."

상품은 새 제품이 나오면 쓸모가 없어진다. 그러나 작품은
다르다. 시간이 흘러 손때가 묻을수록 더욱 진가를 발휘하는
것이 작품이다.

모든 작품은 예술가의 자서전이다. 우리는 하나님의 무한한
영광이 스며든 하나님의 자서전이다. 100년에 한 번 꽃 피우는
대나무처럼, 세상 누구도 흉내 낼 수 없는 단 하나의 꽃을 완성
하기 위해 평생을 사는 예술가도 있다. 우리가 그렇게 창조된
것이다. 그러나 아무리 뛰어난 예술품도 절반의 완성이라는 말

이 있다. 나머지 절반의 완성은 그 작품을 아끼고 사랑하는 사람의 몫이다. 하나님이 아무리 위대한 작품으로 창조했어도 우리가 스스로를 싸구려 상품같이 여기고 살아간다면, 하나님과 우리 스스로를 모독하는 것이다. 작품답게 살자. 우리는 상품이 아니다. 하나님의 걸작품이다.

「너도
소중한
존재야!」

황새는 날아서

말은 뛰어서

거북이는 걸어서

달팽이는 기어서

굼벵이는 굴렀는데

한날한시 새해 첫날에 도착했다

바위는 앉은 채로 도착해 있었다

반칠환 님의 시, 〈새해 첫 기적〉이다. 저마다 서로 다른 하늘,
서로 다른 보폭, 서로 다른 방식으로 열심히 살아온 이들이 새

해의 벅찬 출발을 함께 맞는다. 새해 새날은 저절로 열리지 않는다. 황새는 날고 날아서, 말은 뛰고 뛰어서, 거북이는 걷고 걸어서, 달팽이는 기고 기어서, 굼벵이는 구르고 또 굴러서, 여기 새해 출발점에 온 것이다. 한날한시에 도착한 것으로 보아 이들의 도착에는 1등, 2등, 3등의 높낮이가 없다.

그런데 마지막 광물계 바위의 참여가 압권이다. 시인은 바위에게 따로 한 연을 뚝 잘라 주었다.

"바위는 앉은 채로 도착해 있었다."

앉은 채로 도착하다니. 다들 날고, 뛰고, 걷고, 기고, 굴러서 왔는데 앉은 채라니. 바위는 남들이 보기에 가만히 앉은 채로 새해를 맞은 것 같다. 거저먹은 것 같다. 자격 미달이다. 그러나 시인은 바위도 열심히 새해 첫날에 '도착했다'고 한다. '앉은 채로' 말이다. 시인의 눈에 바위는 자기 식으로 가만히 앉은 채로 최선을 다해 달려 왔다.

판화가 이철수의 〈가난한 머루송이에게〉를 보면, 가느다란 가지 끝에 열일곱 개의 작은 머루송이가 달려 있다. 그리고 이렇게 적혀 있다.

"거우 요것 달았어?"
"최선이었어요…"
"그랬구나… 몰랐어. 미안해!"

머루도 최선을 다한 것이다. 바위처럼 말이다. 고통에 고개 숙인 바위 같은 존재들도, 새해 새날 출발에 거룩하게 참여하고 있다는 존재의 선언!

불구의 희망 전도사

정말 바위처럼 팔도 없고 다리도 없이 꿈쩍을 못하던 사람이 있다. 그러나 그는 없는 팔로도 세계를 끌어안았고, 없는 발로 일어서 날아올랐다.

"스티브 잡스보다 감동적인 사람!"

어느 평론가가 닉 부이치치를 보고 표현한 명구이다. 닉은 테트라-아멜리아 신드롬(Tetra-Amelia Syndrome)이라는 희귀병으로 인해 양팔과 한 쪽 다리가 없이 태어났다. 한쪽 발에도 겨우 두 개의 발가락만 있을 뿐이다. 누가 봐도 절망적인 환경이지만 그는 오히려 '희망 전도사'라 불리며 전 세계에 40여국 400여만 명에게 희망을 전파하고 있다. 특히 방황하는 청소년들에게 꿈을 심어 주고 있다. 지금도 왼쪽에 있는 두개의 발가락을 사용해 글씨를 쓰고 컴퓨터와 타자를 치며, 면도도 하고, 드럼 연주는 물론 수영과 축구, 서핑과 같은 운동까지 즐기고 있다. 아름답고 영적인 여성 가나에와 결혼하고 건강한 아기까지 얻었다.

닉은 세 번이나 자살을 시도할 정도로 힘든 어린 시절을 보냈다. 그러나 부모님의 사랑과 지혜로 일반인이 다니는 중고등학교를 다니며 학생회장을 지냈고, 호주 로던 그리피스 대학에서 회계와 경영을 전공했다. 무엇보다도 닉은 15세에 하나님을 인격적으로 만났다. 그리곤 하나님의 말씀 안에서 비전을 키워갔다. 그의 고백을 들어 보자.

✤

나는 기도하면서 언제나 동행해 주시는 하나님의 말씀을 되새겼다. 주님은 결코 나를 떠나지 않으시며 잊어버리지 않으신다. 최악의 사태가 닥쳐도 모든 것이 협력하며 선을 이루게 하신다. 나는 하나님의 약속을 단단히 붙들었다. 겉으로 드러난 상황이 아무리 암담해도 상관없었다. 하나님은 선하신 분이기에 어려운 일이 일어나도록 허락하셨다면 그만한 이유가 있음에 틀림없다. 깊은 뜻을 이해할 수는 없을지라도 그분의 선하고 의로우신 성품에 의지하는 건 얼마든지 가능하다.[20]

그는 희망 강의를 할 때 갑자기 넘어지면서 강연을 시작하는 경우가 많다. 넘어진 상태에서 핀 마이크를 통해 이렇게 말한다.

"여러분, 우리는 걸어가다가 이렇게 넘어지기도 합니다. 넘어져 있으면 안 됩니다. 결코 포기하지 마십시오. 다시 일어나십시오. 나는 백번이라도 다시 시도할 것입니다."

그러면서 이마를 땅에 대고 힘들게 힘들게 일어난다. 그것을 바라보는 사람 중에는 애처로워 우는 사람도 있다. 겨우 일어난 후에 그는 이렇게 말한다.

"하나님께서 내게 특별한 은사와 능력을 주셨습니다. 넘어졌다가 일어서기만 해도 사람들이 감동을 받아요. 저도 일어서는데 여러분이 못 일어설 것이 없지 않습니까?"

그 말에 사람들은 울먹이던 얼굴에서 감동의 웃음으로 변하며 심령이 치유가 된다. 그리고 나도 할 수 있다는 자신감을 얻게 된다.

큰 것을 주어야만 준 것이 아니다. 일어서기만 해도 다른 사람에게 용기를 준다. 웃기만 해도 많은 사람들이 위로를 받는다. 절망해 타락한 장소에서 타락한 몸짓을 하고 있어야 할 사람이 신실하게 예배드리며 기도하는 모습만 보여 주어도 사람들이 위로를 받는다.

그저 넘어졌다가 다시 일어나는 모습을 보여 주는 닉 부이치치. 그는 그가 할 수 있는 최선을 다했다.

"한날한시 새해 첫날에 도착했다."

"바위는 앉은 채로 도착해 있었다."

바위같이 꿈쩍 못하던 사람이 그 나름대로의 몸짓으로 새날을 여는 것을 볼 때, 우리 모두는 힘을 얻는다.

약한 것들을 택하신 은혜

마태복음 1장에는 예수님의 족보에 오른 다섯 명의 여인이 나온다. 다말, 라합, 룻, 우리야의 아내, 마리아. 다말은 시아버지 유다와 부적절한 관계를 한 여인이었다. 룻은 하나님이 진멸하라고 했던 이방인 모압 족속의 여인이다. 라합은 여리고 성의 창기(娼妓)였다. 우리야의 아내는 다윗과 부적절한 관계를 맺은 여인 밧세바이다. 다섯 명의 여인 중, 마리아 한 명 빼고는 성한(?) 사람이 하나도 없다.

그런데 이 상처 많고, 여린 사람들이 예수님의 조상이 되었다. 이들이 신약성경을 여는 첫 부분을 장식했다. 새해 첫날 도착한 것이다.

뿐만 아니다. 일곱 귀신이 들렸던 막달라 마리아를 보자. 성경에 여러 귀신이 한꺼번에 들어간 경우가 몇 나온다. 거라사의 광인에게 '군대 귀신'이 들어갔다. 그리고 막달라 마리아에게 '일곱 귀신'이 들어갔다. 군대 귀신이 무어고 일곱 귀신이 무언지 상상이 안 간다. 분명한 것은 한 귀신이 들어간 것도 환장할 노릇인데, 일곱이나 군대의 숫자만큼이나 들어갔다면 우리가 상상할 수 있는 한계를 넘어설 것이다. 그랬던 막달라 마리아가 주님을 만나고 치유 받고 변화 받아 부활의 첫 증인이 되었다. 부활의 새 아침을 여는 데 첫 주자가 된 것이다.

고린도전서에는 이런 말씀이 나온다.

그러나 하나님께서 세상의 미련한 것들을 택하사 지혜 있는 자들을 부끄럽게 하려 하시고 세상의 약한 것들을 택하사 강한 것들을 부끄럽게 하려 하시며 하나님께서 세상의 천한 것들과 멸시 받는 것들과 없는 것들을 택하사 있는 것들을 폐하려 하시나니 고전 1:27,28

약하고 허물 많은 우리를 택하신 주님, 그리고 마침내 우리를 통해 하나님의 영광을 드러내려 하시는 주님이 참 좋다.

다시 한 번 새해 첫 출발선에 선 미물들을 보자. 황새, 말, 거북이, 달팽이, 굼벵이, 바위는 살아온 환경도 지금 사는 곳도 층도 다르지만, 각자 낱낱의 하늘에서 높고 낮음이 없이 아름답다. 황새가 날고, 말이 뛰고, 달팽이가 기고, 굼벵이가 구르며 저마다의 몸짓을 하듯이, 바위 역시 자신의 몸짓으로 앉은 채로 몸짓을 했다.

"바위 같이 움직일 수 없었던 너! 너도 앉은 채로 새해 출발점에 왔구나. 여기까지 오느라 수고했다"

주님은 시의 한 연을 차지하라고 하면서, 네가 새해 출발점에 선 것이 기적이라고 세워 주신다.

「가지 못한 길, 가지 않은 길」

로버트 프로스트 | 가지 않은 길

노란 숲 속에 길이 둘로 갈라져 있었다.
안타깝게도 두 길을 한꺼번에 갈 수 없는
한 사람의 여행자이기에
오랫동안 서 있었다
한 길이 덤불 속으로 구부러지는 데까지
눈 닿는 데까지 멀리 굽어보면서;

그리고 다른 한 길을 택했다
똑같이 아름답고
아마 더 좋은 이유가 있는 길을, (중략)
어디에선가 먼 먼 훗날

나는 한숨 쉬며 이 이야기를 하고 있겠지:

숲 속에 두 갈래 길이 있었다고, 그리고 나는-

나는 사람들이 덜 걸은 길을 택하였고

그로 인해 모든 것이 달라졌다고.

로버트 프로스트 시, 〈가지 않은 길〉이다.

선택이 엮어내는 삶

삶에는 '가지 못한 길' 이 있고 '가지 않은 길'이 있다. '가지 못한 길' 은 내 의지와는 상관없이 주어진 것이고, '가지 않은 길'은 내가 선택한 것이다. 삶은 하나님이 절대 주권으로 주신 것과 나의 선택 사이에서 만들어진다. 이 진리에 대해 이어령 교수는 이렇게 말했다.

'○ilk'의 공백 안에 글자를 넣어서 낱말을 만드는 문제인데, M 자를 넣으면 밀크(milk)가 되고 S자를 써넣으면 실크(silk)가 될 것입니다. 삶이란 결국 이런 빈칸 메우기와 같습니다. 반은 운명처럼 주어진 문자가 있고, 그 옆에는 마음대로 자신이 써넣을 수 있는 자유로운 공백이 있습니다.[21]

부모님, 자란 환경, 재능, 외모 같은 것들은 나의 선택이 아닌 하나님의 절대 주권이다. 이것은 그대로 받아들이면서 그 의미를 발견해야 한다. 하나님의 절대 주권에 대해 성경은 이렇게 선언한다.

이 사람아 네가 누구이기에 감히 하나님께 반문하느냐 지음을 받은 물건이 지은 자에게 어찌 나를 이같이 만들었느냐 말하겠느냐 토기장이가 진흙 한 덩이로 하나는 귀히 쓸 그릇을, 하나는 천히 쓸 그릇을 만들 권한이 없느냐 롬 9:20,21

거부할 수 없는 하나님의 절대 주권이 있다. 그러나 "자식은 선택할 수 없지만 사위는 고를 수 있다"라는 말이 있다. 내가 선택하며 살아야 하는 길이 있다는 뜻이다. 주님이 주신 타고난 얼굴이 있지만, 지금 내 얼굴은 그간 스스로 선택해온 결과로서의 얼굴이다. 어제의 선택은 오늘의 나를 만들었고, 오늘의 선택은 미래의 나를 만들어간다.

프랑스 실존주의 철학자이자 소설가인 장 폴 사르트르는 선택에 대해서 이런 말을 했다.

"Life is Choice Between Birth And Death"(삶은 출생과 죽음 사이의 선택이다).

B와 D사이에 C가 있듯이, 탄생(Birth)과 죽음(Death) 사이에 선택(Choice)이 있다. 매일 아침 출근할 때 입을 옷을 선택 하고

점심 메뉴를 선택하는 사소한 선택에서부터, 직업과 배우자를 선택하는 큰 선택에 이르기까지 끝없이 이어지는 선택과 선택. 인생은 선택이고 행복도 선택이고 신앙도 선택이다. 밤하늘에서 검은 어둠을 볼 수도 있고, 빛나는 별을 볼 수도 있다. 비 오는 날 짜증을 낼 수도 있고, 비를 맞고 싱그럽게 올라오는 눈록색 잎을 보면서 환희를 느낄 수도 있다. 보름달을 보면 울부짖는 늑대가 될 수도 있고, 시를 읊조리는 이태백이 될 수도 있다.

시인은 지금 두 길을 모두 선택할 수 없어 아쉬웠다고 말한다. 하나를 선택한다는 것은 다른 하나를 버린다는 의미이다. 두 길을 다 가질 수 없다. 탐욕이란, 두 길의 영광을 다 가지려는 것이다. 과식하면서도 건강하고 날씬해지려 하고, 과속하면서도 안전하려 하고, 공부는 안 하면서도 좋은 대학에 들어가려 하는 것이 탐욕이다.

순간의 선택이 평생을 좌우한다

마태복음 5-7장을 가리켜 '산상수훈'이라고 한다. 이 산상수훈의 결론 부분에 해당하는 마태복음 7장 13절 이하를 보면 예수께서는 선택의 중요성을 말씀하신다.

좁은 문으로 들어가라 멸망으로 인도하는 문은 크고 그 길이 넓어 그리로 들어가는 자가 많고 생명으로 인도하는 문은 좁고

길이 협착하여 찾는 자가 적음이라 마 7:13,14

주님은 좁은 문과 넓은 문 사이에서의 선택, 생명의 길과 멸망으로 가는 길 사이에서의 선택을 강조하셨다. 그렇다. 우리는 쾌락과 행복 사이에서 선택해야 하고, 물거품과 영원 사이에서 선택해야 한다.

복이 있는 사람은 누구인가? 복 있는 길을 선택하는 사람, 즉 좁은 문으로 들어가는 사람, 생명으로 인도하는 문으로 들어가는 사람이다.

그렇다면 선택에 있어서 깊이 고려해야 할 사항이 무엇일까. 정보 과잉으로 선택이 더욱 어려워진 시대이다. "순간의 선택이 평생을 좌우한다"라는 말이 있다. 그만큼 선택이 중요하다는 뜻이지만, 한편으로는, 많은 사람이 평생을 좌우할 수 있는 선택을 너무 쉽게 한다는 뜻이기도 하다.

사냥꾼들의 말을 들어 보면, 토끼들은 주로 여름보다 겨울에 미끼를 잘 문다고 한다. 그만큼 궁핍하기 때문이다. 사람도 마찬가지이다. 욕심에 눈이 어두워지면 잘못된 선택을 한다. '선택'이라는 뜻의 영어 choice에는 '얼음'이라는 의미의 ice가 들어 있다. 모든 상황을 고려한 후에 얼음처럼 냉철하게 선택해야 한다. 그보다 더 중요한 것이 있다.

중요한 선택에 앞서 우리가 해야 할 일은, 욕심으로 어두워진 눈을 내려놓고 신실한 예배와 깊은 기도를 드리며 하나님의 뜻을 앙망해야 한다. 그렇지 않으면 하나님의 뜻이 아니라 세상의 가치관을 따라 선택하게 된다. 그 대표적인 예가 바로 롯의 선택이다.

아브라함과 조카 롯은 함께 번성하며 지경이 커져 가면서 갈등이 생기기 시작했다. 종들 사이에 다툼이 일어나곤 한 것이다. 급기야 그들은 더 이상 함께 동행할 수가 없었다. 이에 아브라함은 기득권이 자신에게 있음에도 불구하고 롯에게 먼저 좋은 장소를 선택할 권리를 주어 떠나라고 한다.

롯은 하나님의 뜻을 구하지 않고 눈에 좋게 보이는 것을 선택했다. 롯의 눈에는 소돔과 고모라 쪽의 땅이 좋아 보였기 때문이다. 물이 넉넉했고, 여호와의 동산 같아 보였고 애굽 땅처럼 풍요롭게 보였다. 이에 롯은 소돔 땅을 선택하고 그곳으로 간다. 하지만 그 선택의 결과는 비참했다. 소돔 땅은 처참한 타락 속에 하나님의 심판으로 멸망하고 만다. 롯은 심판 받는 소돔 땅에서 가족과 겨우 몸만 빠져 나오게 된다. 게다가 롯의 아내는 소돔 땅에 대한 미련을 떨치지 못하고 뒤를 돌아보다가 소금 기둥이 되고 만다.

사랑하기에 걷는 길

하나님은 선택의 기로에 있는 성도들에게 이렇게 약속하셨다.

여호와를 경외하는 자 누구냐 그가 택할 길을 그에게 가르치시리로다 시 25:12

선택에 앞서 신실한 예배를 드리면서 하나님의 뜻을 구해야 한다. 내 눈에 보기 좋은 것을 따라 선택하거나, 세상의 가치관을 따라 선택을 하면 비틀거리는 인생을 살게 된다.

두 청년이 함께 도박장으로 가다가 길가에 있는 예배당 정문 곁에 '죄의 삯은 사망'이라는 설교 제목을 보게 되었다. 한 친구는 강한 죄 의식과 함께 교회로 가고 싶었다. 이에 교회에 가자고 했으나, 다른 친구는 뿌리치고 도박장으로 갔다.

30년이 지났다. 감옥에서 신문을 보던 한 친구가 울고 있었다. 신문 1면에 실린 기사는 그날 대통령에 취임한 미국 대통령 클리블랜드에 관한 것이었다. 30년 전, 도박장으로 가다가 교회로 간 그 친구였다.

결정적인 선택의 날들이 있다. 하나님은 우리에게 최상의 선택을 위해 이 모양 저 모양으로 말씀하신다. 무엇보다도 예배 때 최상의 선택을 위한 하나님의 말씀을 주신다. 심령이 가난한 자, 겸손한 자, 하나님의 말씀을 사모하는 자는 신실한 예배 속에서 주님의 음성을 듣는다.

프로스트는 시의 마지막 부분에서 이렇게 노래했다.

나는 사람들이 덜 걸은 길을 택하였고

그로 인해 모든 것이 달라졌다고.

시인은 '가지 않은 길'에 대한 아쉬움이 아니라 선택한 길에 대한 열정과 환희를 말하고 있는 것이다. '가지 못한 길'에 마음을 뺏기지 말자. 하나님을 사랑하기에 '가지 않은 길'을 자랑스러워하자. 하나님을 사랑하기에 지금 걷고 있는 좁은 길을 즐거워하자.

「유혹을 이기는 법」

유하 | 오징어

눈앞의 저 빛!
찬란한 저 빛!
그러나
저건 죽음이다
의심하라
모오든 광명을!

　유하의 시, 〈오징어〉의 한 구절이다. 영원의 공간 같은 어둠을 뚫고 바다로 배가 나아간다. 그리고 일제히 배 위에 설치된 모든 집어등(集魚燈)을 켠다. 집어등은 물고기를 소집시키는 등불. 오징어에게 이 화려한 불빛은 자신들의 목숨을 바쳐서라도 물고 싶은 치명적 유혹을 안고 있다. 오징어들은 죽는다는 것을 아는 지 모르는 지 이 불빛의 유혹에서 벗어나지 못하고 미끼를 덥썩 문다. 시인은 곳곳에서 화려하게 빛을 내며 우리를 유혹하는 치명적인 집어등을 본 것이다. 그래서 이렇게 말한다.

"의심하라, 모오든 광명을!"

우리는 살면서 온갖 유혹에 시달린다. 더 잘 먹고 싶은 기본적인 유혹에서부터 남보다 더 잘나고 인정받고 싶고, 남을 지배하고 싶은 유혹에 이르기까지, 온갖 유혹의 집어등에 둘러싸여 살아간다. 특히 이성에 대한 유혹과 재물. 권력에 대한 유혹은 우리의 삶을 파멸에 이르게 할 수도 있다. '실패'를 뜻하는 'failure'에 '유혹하다'라는 의미의 'lure'가 들어 있다. 유혹을 관리하지 못하면 곧 실패한 인생이 된다.

욕망이 미끼를 물게 한다

성경은 하나님의 백성이 속된 욕망으로 인해 사탄의 유혹에 넘어가서 쓰러진 이야기들을 수 없이 전해 준다. 아담과 하와는 사탄의 유혹을 이기지 못해 하나님이 금하신 선악과를 범했다. 아간은 재물에 대한 유혹을 이기지 못했고, 빼어난 힘을 소유했던 삼손은 들릴라의 유혹, 성군이라 일컬어지는 다윗조차도 밧세바에 대한 정욕을 이기지 못하고 넘어졌다. 유혹 관리를 못하면 삶이 무너진다.

어느 낚시꾼이 월척을 잡아 어탁(魚拓)을 떠서 액자를 만들었다. 그리고 그 밑에 이렇게 적어 삶의 교훈을 삼았다고 한다.

"그때 내가 미끼만 물지 않았어도 나는 바다에 있으리라."

그렇다면 왜 우리는 유혹에 넘어가는가? 우리 내부의 죄악 된 욕망과 외부의 빛나는 미끼가 하나로 결합할 때 유혹에 넘어가게 된다. 미끼들은 우리의 죄 성을 만족시켜 준다. 그렇다. 죄성 가득한 눈으로 바라보면 미끼가 너무나 눈부시게 보여 덥석 무는 것이다.

마귀는 우리에게 마귀스럽게 나타나지 않는다. 마귀는 월하(月下)의 공동묘지에서 흰 소복을 입고 머리를 풀어 헤치고, 입에는 칼을 물고 나타나지 않는다. 대신에 빛의 천사 같은 모습으로 나타난다.

이것은 이상한 일이 아니니라 사탄도 자기를 광명의 천사로 가장하나니 고후 11:14

우리가 미끼를 물 때, 미끼를 문다고 생각하지 않고 마치 아름다운 천사와 포옹한다고 생각하는 것이다.

카피라이터 정철의 《내 머리 사용법》에 이런 구절이 나온다.

바다는 갈매기가 자신에게 하루에도 수백 번씩 키스를 한다고 믿는다. 키스의 황홀함에 취해 물고기를 도둑맞고 있다는 것을

눈치 채지 못한다.[22]

우리는 거짓 키스의 황홀함에 넘어가는 것이다. 치명적인 독을 품은 것일수록 아름답게 보인다. 다시 말한다. 마귀는 마귀스럽지 않게 나타난다. 마귀는 한술 더 떠서 자신을 빛의 천사와 같이 보이게 가장해 황홀한 키스처럼 달콤하게 다가온다. 그 거짓 아름다움에 속는 것이다.

에덴동산에서 일어난 최초의 유혹을 보라. 사탄은 선악과를 먹어도 "너희가 결코 죽지 아니하리라"(창 3:4)라고 말한다. 얼마나 희망적인 말인가? 뿐만 아니다. "너희가 그것을 먹는 날에는 너희 눈이 밝아져 하나님과 같이 되어"(창 3:5)라고 한다. 그야말로 황홀한 유혹이다. 하와가 그 나무를 보니 정말 먹음직스러웠고 탐스러웠다. 볼수록 멋지게 보였다. 먹기만 하면 하늘에 견주는 지혜가 생길 것 같았다.

삼손에게 나타난 들릴라를 생각해 보라. 다윗에게 나타난 밧세바를 보라. 치명적인 아름다움을 가지고 있다. 삼손과 다윗에게는 그녀들이 보암직하고 사랑스럽고 인생을 멋지게 할 만한 탐스러움이 넘쳐나게 보였을 것이다. 시인 유하의 경고를 다시 읊조려 보자.

"의심하라, 모오든 광명을!"

셰익스피어의 희곡 〈베니스의 상인〉 2막 7장에 이런 구절이 나온다.

"반짝인다고 해서 모두 금은 아니다. 그대는 이 말을 자주 들었으리라. 많은 이들이 나의 외양만을 보고 자신의 생명을 팔았지. 금칠한 무덤엔 구더기만 우글거리니."

빛이 난다고 해서 다 금은 아니다.

"의심하라, 모오든 광명을!"

흔들리지 않고 피는 꽃은 없다. 이 세상의 수려한 꽃들은 다 흔들리면서 바람과 비에 젖으면서 꽃을 피워낸다. 천국의 도성을 향해 가는 거듭난 성도라 할지라도, 그 속에는 남아 있는 죄성(indwelling sins)은 삶을 마치는 그날까지 존재한다. 그 죄성과 싸우며 성화의 꽃을 피우는 것이다. 웨스트민스터 교회의 캠벨 몰간 목사님은 이렇게 말했다.

"거룩함은 아예 유혹을 받지 않는 게 아니라, 유혹을 극복하는 능력이다."

죄의 유혹이 아무리 크다 해도, 죄는 거듭난 사람을 다시 절대적으로 지배할 수는 없다. 하나님은 성도에게 죄의 유혹을 이길 능력을 제공한다. 할렐루야!

더 좋은 것을 바라보라

그렇다면 유혹을 견디는 힘, 유혹에 저항하는 힘은 어디서 오는 것일까? 해답은 주님이 주신 사명에 집중하는 것이다.

무조건 마시멜로의 유혹을 참는 것과 왜 참아야 하는지 알고 참는 것은 완전히 다르다. 유혹을 억지로 참으면 언젠가는 또 유혹에 넘어간다. 나를 유혹했던 잔상이 마음에 남아 있는 한 결국 또 유혹과 전쟁을 벌여야 한다. 유혹에 넘어가지 않는 방법은 유혹 보다 더 좋은 것을 내면에 지니고 있는 것이다.

유혹보다 더 좋은 내면! 그것은 바로 주님이 주신 사명이다. 이러한 주의 사명으로 유혹을 이긴 대표적인 예가 바로 세례 요한이다.

사람들이 세례 요한에게 다가와 큼직한 말을 던진다.

"당신이 혹시 메시아가 아닙니까?"

정말 큰 유혹이다. 집어등보다 강렬한 미끼다. 요한은 그때 자신이 돈키호테라고 말할 수도 있었고, 아니면 은유적이고 애매한 말을 함으로써, 신비주의로 자신을 감쌀 수도 있었다. 그러나 요한은 단호하고 분명하게 말한다.

백성들이 바라고 기다리므로 모든 사람들이 요한을 혹 그리스도신가 심중에 생각하니 요한이 모든 사람에게 대답하여 이르되 나는 물로 너희에게 세례를 베풀거니와 나보다 능력이 많으신 이가 오시나니 나는 그의 신발끈을 풀기도 감당하지 못하겠노라 그는 성령과 불로 너희에게 세례를 베푸실 것이요

눅 3:15,16

요한은 자신이 태어난 목적을 분명히 알고 있었다. 자신은 메

시아가 아니고, 돈키호테의 길을 예비하는 사명 속에 태어난 것을 잘 알았다. 그래서 집어등 불빛의 유혹이 아무리 강렬해도, 미끼에 걸리지 않은 것이다.

이와 비슷한 이야기가 사이렌의 전설에도 나온다. 그리이스 신화에 나오는 '사이렌'은 상반신은 여자, 몸통은 새, 하반신은 물고기 모습을 한 물의 요정이다. 사이렌은 시칠리아 섬 근처의 작은 섬에 살면서 고혹적인 목소리로 노래를 불러 선원들을 유인해 파멸시켰다.

모두가 뇌쇄적인 사이렌의 유혹에 죽어갔지만 오디세이와 오르페우스는 사이렌의 노래를 이겨낸다. 그런데 이 두 사람이 이겨낸 방법이 참 대조적이다.

트로이 전쟁 후 귀국 길에 오디세이의 배가 그 섬을 지나게 되었는데, 그는 사이렌의 노랫소리가 너무나 듣고 싶었다. 그래서 노를 젓는 부하들의 귀를 밀랍으로 막고 자신은 배의 돛대에 묶어놓게 했다. 마침내 사이렌이 살고 있는 섬 근처에 이르자 사이렌의 노랫소리가 아련히 들려왔다. 참 듣고 싶은 노래였지만, 노래를 들은 오디세이는 미치기 시작해 소리쳤다.

"배를 돌려라, 어서!"

노랫소리가 나는 쪽으로 가라는 명령이었다. 그러나 밀랍으로 귀를 막은 선원들은 오디세이의 명령이 들리지 않았고 계속 고향을 향해 배를 저었다.

"명령을 어기느냐?"

오디세이는 소리를 쳤지만 돛대에 묶여 있어서 어쩔 수 없었다. 그렇게 해서 무사히 그 섬을 지나칠 수 있었다.

반면 오르페우스의 방법은 달랐다. 배가 그 섬 근처에 이르렀을 때 그는 아름다운 수금을 타서 사이렌의 노랫소리에 대항했다. 노를 젓는 선원들은 오르페우스의 아름다운 수금 선율에 감동해 사이렌의 노랫소리를 듣지 못했다.

신앙생활도 이와 같다. 세상 유혹에 빠지지 않도록 자신을 꽁꽁 묶어두는 오디세이적 방법은 한계가 있다. 사이렌보다 더 아름다운 소리인 하나님의 사명에 붙잡힐 때 사이렌의 유혹을 이길 수 있다.

다윗은 "내 눈을 돌이켜 허탄한 것을 보지 말게 하시고 주의 길에서 나를 살아나게 하소서"(시 119:37)라고 고백한다. 하나님의 사명을 붙잡는 삶은 죄의 유혹보다 더 강력한 능력을 가지고 있다.

현대로 돌아와 보자. 세계적인 개념 미술 아티스트 제니 홀저는 말했다.

"내가 원하는 것에서 나를 지켜줘!"

자기 자신의 소원에서, 엄밀히 말하면 자기 욕망에서 벗어나고 싶다는 말이다. 우리가 지금 고통스러워하는 것은, 사실 우리의 욕망 때문인 경우가 많다.

눈앞의 저 빛!

찬란한 저 빛!

그러나

저건 죽음이다

의심하라

모오든 광명을!

우리 마음속에 하나님이 주신 비전이 아닌 세상의 욕망으로
가득찼을 때, 밤바다의 오징어 불빛은 우리에게 더욱 강렬하게
다가온다. 그러나 우리 마음속에 하나님이 주신 비전으로 가득
할 때, 우리는 그 어떤 빛나는 유혹도 이길 수 있다.

허영,
그 거짓
영광이여

———————— 모파상의 대표적인 단편소설 〈목걸이〉에는 한 여인을 불행으로 이끈 허영과, 안개같이 짙은 후회가 나온다. 아름다운 여인 마틸드는 가난한 사무원의 딸이다. 아름다운 만큼 별같이 꿈이 많았지만 문부성의 하급관리와 결혼한다. 눈을 감으면 수려한 페르시아 양탄자가 깔린 저택에서 화려한 드레스를 입고 하인들이 섬겨주는 시중을 받는 자신의 모습이 보였다. 몸에 치장한 휘황한 보석들이 부딪히는 찰랑거리는 소리, 입가에는 귀족의 품위가 나는 미소. 그러나 눈을 떠보면 그녀가 꿈꾸는 화려한 삶과는 다르게 비루하기 그지없었다. 초라한 집, 남루한 벽, 낡은 의자, 때 묻은 가구, 하인들은커녕 직접 밥하고 빨래하고 청소하는 모습.

어느 날 남편이 파티 초대장을 가져온다. 고관대작들의 파티였다.

'드디어, 나를 보여줄 때가 왔구나!'

마틸드의 눈이 빛났다. 그 파티에 가기 위해 남편의 비상금을 털어 옷을 사고, 친구에게 눈부신 목걸이를 빌린다.

파티에서 그녀의 인기는 최고였다. 그녀가 춤을 출 때 사람들은 모두 그녀를 보느라 정신이 없었다. 파티는 마치 그녀를 위해 준비된 것 같았다. 그러나 행복은 너무나 짧았다. 돌아오는 길에 목걸이를 잃어버린 것이다. 마틸드는 재산을 처분하는 것도 모자라 비싼 이자까지 물며 똑같은 목걸이를 사서 친구에게 돌려준다. 그 돈을 갚기 위해 파출부 생활을 하며 10년 동안 극도로 쪼들린 생활을 한다.

마틸드는 10년 만에 거리에서 목걸이의 주인이었던 옛 친구를 만났다. 친구는 마틸드를 알아보지 못한다. 심신의 고생 끝에 너무 어두운 얼굴로 늙어 버렸기 때문이다. 마틸드는 친구에게 목걸이 때문에 고생한 이야기를 씁쓸하게 들려준다. 그 말을 들은 친구는 깜짝 놀라며 말한다.

"가엾어라. 내 목걸이는 가짜였어! 몇 푼도 안 되는 싸구려였다구!"

친구의 말을 들은 마틸드는 기절할 듯 정신이 혼미해졌다. 그 누구의 탓도 아니다. 자신의 허영심에 사로잡힌 자신의 탓이다.

마틸드는 어디에나 있다

우리 주위에도 마틸드와 같은 사람들이 있다. 반반한 아기 유모차 하나도 못 사주면서 할리데이비슨을 타고 전국을 누비는 아버지, 명품 가방, 명품 시계, 명품 옷 등을 사기 위해서 해서는 안 되는 일까지 저지르는 사람들. 모두가 허영심 때문이다.

"여자는 허세를 부리는 남자를 경계하고, 남자는 허영심에 빠진 여자를 경계하라"라고 했다. 마틸드는 허영 속에서 꽃 같은 삶을 진흙같이 만들었던 것이다.

"미꾸라지국 먹고 용트림한다"라는 말이 있다. 소인배가 큰 인물인 척 허세를 부릴 때 쓰는 말이다. 그래도 이 정도면 낫다. 허영은 자신을 망치는데서 그치는 것이 아니라, 이웃까지도 파괴할 수도 있다.

마틸드의 남편은 문부성의 하급관리로 신실한 훈남이다. 아내에게 더 잘 해 주지 못함을 안타까워하며 아껴 모은 용돈까지 아내를 위해 내어 놓는 사람이다. 그러나 마틸드는 늘 가난한 남편에 대한 불만으로 가득하다. 온통 자신을 빛나게 꾸며줄 목걸이와 옷에만 마음을 쓴다. 그녀의 허영 때문에 겪어야 했던 남편의 고통은 어땠을까.

철학자 강신주는 힘 있는 자의 허영이 죄 없는 어린아이까지 죽이게 된 이야기를 들려준다.

귀족들의 여우사냥에 대한 파스칼의 관찰을 살펴보면 우리는 충격을 받을지도 모릅니다. 당시 귀족들은 자신들의 허영을 표현하려고 여우사냥을 즐겼습니다. 당연히 얼마 되지 않아 프랑스에는 여우가 거의 전멸하는 상황이 찾아왔지요. 그러나 귀족들은 그 이후에도 여우사냥을 계속했습니다. 가난한 농민의 아이들을 잡아서 들판에 풀어놓았던 것입니다. 그리고 여우사냥이란 명목으로 그 불쌍한 아이들을 직접 사냥했지요.[23]

이렇듯 허영은 이웃까지도 죽일 수 있다. 사도 바울은 빌립보 교인들에게 생명 넘치는 삶을 살기 위해 허영을 버리라고 한다.

아무 일에든지 다툼이나 허영으로 하지 말고 오직 겸손한 마음으로 각각 자기보다 남을 낫게 여기고 빌 2:3

여기서 '허영'을 영어 번역으로 보면 '베인 글로리'(vain-glory)라고 되어 있다. '글로리'(glory)란 말은 '영광'이라는 의미이고, '베인'(vain)은 '비어 있다'라는 뜻이다. '속이 비어 있는 영광'이 바로 허영이다. 한자(漢字)를 보아도 같은 의미이다. 허영(虛榮)은 '비어 있다'라는 의미의 '허'(虛)와 '화려하게 꽃 피어 있다'라는 의미의 '영'(榮)이 결합되어 있다.

토마스 아퀴나스도 허영을 가리켜 거짓된(vain) 영광(glory)이라고 했다. 내가 이 정도의 사람이라고 남에게 보여 주고 싶은 욕망! 허영은 헛된 것, 바람 같이 없어지는 것의 상징이다.

교만의 또 다른 얼굴, 허영

자기의 본 모습을 넘어서 자기를 크게 포장해 과시하고 싶은 욕구, 이것이 허영이다. 허영은 다른 사람이 나를 어떻게 생각해 주었으면 하는 것으로, 남들 앞에 크게 높아지려는 인간의 죄성이다. 교만이 자리와 권력과 관련이 있다면 허영은 사람의 주목과 인정에 연연하는 죄악이다.

소설가 이외수는 허영을 가리켜 이렇게 해학적으로 말했다.

열등의식과 욕구불만을 원료로 배합하고 허욕이라는 향료와 허세라는 색소를 첨가해서 만들어 낸 마약의 일종이다. 중독되면 정신이 황폐해지고 영혼이 척박해진다.[24]

'죽음에 이르는 일곱 가지 죄'(The Seven Deadly Sins)라는 목록이 있다. 우리가 범하는 모든 죄악을 대표하는 목록을 의미한다. 원래 이 리스트는 경건한 삶을 살았던 사막 수도사들에 의해 처음 만들어졌다. 이 죄들이 수도생활을 하는데 가장 큰 유혹이었기 때문이다. 그 후 교황 그레고리 대제(Gregory the Great)

는 이 목록들이 전문 수도사들뿐만 아니라 모든 성도들에게 해당한다고 판단해 교회로 들어왔다. 그리하여 여러 수정을 거쳐 오늘날에 이른다.

이 일곱 가지 중요한 죄악의 첫 번째가 '교만'이다. 교만은 일곱 대죄의 뿌리가 되는 근본적인 죄라고 여겨왔다. 일곱 대죄의 목록이 수정되는 과정에서 '허영'은 '교만' 속에 통합되었다.

레베카 드영은 허영과 교만을 다시 구별하고, 허영에 주목하면서 이렇게 말했다.

"교만한 사람은 우월성을 추구하고, 허영 된 사람은 우월하게 '보이기를' 갈망한다."[25]

그러면서 드영은 교만과 허영이 악순환 됨에 주목한다.

교만한 사람은 선함에 있어서 남들보다 우월하기를 갈망한다. 남들보다 우월한 선함은 자연히 관심과 인정을 이끌어 낸다. 그러나 남들보다 더 많은 영광을 갖는 것은 교만한 사람이 남들보다 탁월해지는 또 하나의 방법이 되어 주목을 더 받게 한다.[26]

교만은 허영을 낳고 허영은 또 교만을 유도하는 것이다. 다시 말해 허영은 모든 죄악의 뿌리인 교만과 깊이 연결된 근본적인 죄악인 것이다.

성경을 보면 바리새인들이야 말로 허영 덩어리였다. 다 들으라는 식으로 큰 소리로 기도하고, 다 보라는 식으로 사람이 많이 모이는 성문 어귀에서 기도하기를 좋아했다. 그리고 일부러 슬픈 기색을 보임으로써 자신이 금식하고 있다는 사실을 드러내곤 했다. 예수님은 바리새인의 이러한 허영과 외식을 혹독하게 꾸짖으셨다.

또 너희는 기도할 때에 외식하는 자와 같이 하지 말라 그들은 사람에게 보이려고 회당과 큰 거리 어귀에 서서 기도하기를 좋아하느니라 내가 진실로 너희에게 이르노니 그들은 자기 상을 이미 받았느니라 마 6:5

금식할 때에 너희는 외식하는 자들과 같이 슬픈 기색을 보이지 말라 그들은 금식하는 것을 사람에게 보이려고 얼굴을 흉하게 하느니라 내가 진실로 너희에게 이르노니 그들은 자기 상을 이미 받았느니라 마 6:16

비단 바리새인뿐만이 아니다. 어찌 보면 우리 모두가 허영 덩어리이다. 파스칼은 《팡세》에서 우리 모두에게 만연되어 있는 허영에 대해서 이렇게 말했다.

허영심은 인간의 마음속에 깊이 뿌리박고 있기 때문에 졸병이나 미장이도, 요리사나 짐꾼도 허풍을 떤다. 그리고 자기에게 감탄을 하는 사람들이 있었으면 하고 바란다. 철학자들조차도 그것을 원한다. 비판적인 글을 쓰고 있는 사람들도 잘 썼다는 명성을 얻고 싶어 하고 그들의 글을 읽는 사람들은 그것들을 읽었다는 영예를 얻고 싶어 한다.[27]

사람들은 자기가 행복해지는 것보다 남에게 행복하게 보이려고 더 애쓰는 경우가 많다. 남에게 행복하게 보이려는 허영심 때문에, 자기 앞에 있는 진짜 행복을 놓치는 수가 많다. 시계가 시간이 아니고, 장식품이 본질이 아니듯 향수는 향기가 아니다. 그리고 허영은 진정한 영광이 아니다. 허영은 자신의 정신적인 빈곤을 드러낼 뿐이다.

허영으로 가득 찬 겉치레를 두르고 나타난 사람이 있다고 하자. 사람들이 '와! 멋지다'라고 생각하겠는가? 아마도 '불쌍하다'라고 생각할 것이다.

사탄이 광야에서 금식하며 기도하고 있던 예수께 성전 꼭대기에서 뛰어내려 보라고 유혹한다. 천사의 호위 속에 땅에 사뿐히 내려 앉아 슈퍼스타 예수 그리스도가 되라는 것이다. 허영을 부추긴 시험이었다. 사탄은 예수님이 헛된 영광에 눈이 멀어 십자가를 잊어버리게 현혹한 것이다. 예수님은 이런 허영의 유혹에 눈 하나 깜박이지 않으셨다. 하나님이 주신 사명인 십자가를 마음 깊이 새기고 있었기 때문이다.

—

나의 약함이 주님을 만날 때, 약함은 주님의 능력이 머무는 공간이 된다

3

Humanitas To GOD

괜찮아!
내   가
함께한다

괜찮아, 주님이 계시니까

장영희 | 살아온 기적 살아갈 기적

———— 생후 1년 만에 소아마비를 겪어 평생을 장애인으로 살아야 했고, 계속 전이되는 암과 투병했던 장영희 교수는, 기적이 아닌 날이 하루도 없었다고 한다. 아침에 눈을 뜨면 기적과 같은 하루가 주어졌음에 감사하고, 석양을 바라보면서 하루를 기적처럼 살아 낸 것에 감사하며, 잠자리에 들 때면 "하나님, 내일 아침에도 제게 기적을 주시겠습니까?" 하는 마음으로 소망을 품었다고 한다.

장영희 교수의 자전적 수필집 《살아온 기적 살아갈 기적》에는 이런 구절이 나온다.

"괜찮아!"

난 지금도 이 말을 들으면 괜히 가슴이 찡해진다.

2002년 월드컵 4강에서 독일에 졌을 때, 관중들은 선수들을 향해 외쳤다.

"괜찮아! 괜찮아!"

혼자 남아 문제를 풀다가, 골든벨을 울리지 못해도 친구들이 얼싸안고 말해 준다.

"괜찮아! 괜찮아!"

"그만하면 참 잘했다"라고 용기를 주는 말, "너라면 뭐든지 다 눈감아 주겠다"라는 용서의 말, "무슨 일이 있어도 나는 네 편이니 넌 절대로 외롭지 않다"라는 격려의 말, "지금은 아파도 슬퍼하지 말라"라는 나눔의 말, 그리고 마음으로 일으켜 주는 부축의 말, 괜찮아!

그래서 세상사는 것이 만만치 않다고 느낄 때, 죽을 듯이 노력해도 내 맘대로 일이 풀리지 않는다고 생각될 때, 나는 내 마음속에서 작은 속삭임을 듣는다. 오래전 내 따뜻한 추억 속, 골목길 안에서 들은 말, "괜찮아! 조금만 참아, 이제 다 괜찮아질 거야."[28]

평생 병환을 안고 살았던 장영희 교수는 자기 인생에서 가장 용기가 된 말이 "괜찮아"였다고 회상한다. 어린 시절 몸이 불편해 친구들의 놀이에 끼지 못했을 때, 지나가던 깨엿장수가 미소를 지으며 해 준 말, "괜찮아!"

그 단순한 위로의 말이, 깊은 고난을 겪고 있는 사람들에게 얼마나 큰 힘을 주는지 모른다. 사랑한다는 말 못지않게 따뜻한 말, "괜찮아, 괜찮아!"

"괜찮아, 기다릴게."

"괜찮아, 그럴 수도 있지."

"꽃이 늦게 핀다고 미운가? 조금은 느려도 괜찮아."

괜찮다는 말은 그 일이 대수롭지 않고 아무것도 아니라는 말이 아니다. 그 일도 있을 수 있는 일이니 힘을 내라는 위로와 격려의 말이다.

나를 아는 분이 계시다

누구나 넘어질 수 있다. 그리스도인들도 예외가 아니다. 어느 날 갑자기 건강을 잃을 수도 있다. 예기치 못한 사고를 만나기도 한다. 사업의 실패로 낙심할 때도 있다. 가까운 사람과 관계가 어그러져 상처를 입기도 한다. 배신의 상처로 몸서리 칠 때도 있다. 오해를 받기도 하고, 나 혼자인가 느껴질 때도 있다. 이럴 때 주님은 이렇게 말씀하신다.

"괜찮아, 나도 그랬어. 나도 오해받았고, 배신당했고, 다 떠난 자리에서 홀로 있었고, 십자가에서 온몸이 찢겨져서 몸이 아픈 것이 무엇인지 안단다. 괜찮아, 힘 내거라. 나에게로 오거라."

히브리서 4장 15,16절의 말씀이 바로 그 의미이다.

우리에게 있는 대제사장은 우리의 연약함을 동정하지 못하실
이가 아니요 모든 일에 우리와 똑같이 시험을 받으신 이로되 죄
는 없으시니라 그러므로 우리는 긍휼하심을 받고 때를 따라 돕
는 은혜를 얻기 위하여 은혜의 보좌 앞에 담대히 나아갈 것이니
라 히 4:15,16

자기와 늘 함께하며 따라왔던 제자들이 다 떠나가는 현장에
서 느꼈던 소외감, 그리고 외로움. 사랑하는 동족들에게 동족
의 반역자로 여김을 당했던 오해받으심. 제자의 손에 팔려 버린
그 몸서리치는 배신감. 제자로부터 거짓 키스를 받았을 때 요동
쳤던 감정의 괴로움. 더 나아가 한 번도 교제가 끊어진 적이 없
던 영원하신 아버지 하나님과의 단절의 아픔. 우리의 죄를 짊어
짐으로 죄인으로 정죄를 당해 "엘리 엘리 라마 사박다니"의 비명
을 외쳐야만 했던 그 비통함. 십자가에서 말 한 마디, 호흡 한
번 할 때마다 피와 물이 쏟아졌던 극심한 육체의 괴로움…. 이
모든 아픔과 좌절을 당하신 우리 주님이시기에 우리에게 이렇게
말씀하실 수 있다.
　"알아, 나도 알아! 나에게 오면 괜찮아!"

주님 앞에서 울자

신화적인 그룹 비틀즈의 폴 메카트니가 만든 〈오브라디 오브라다〉(Ob-la-di ob-la-da)라는 팝송이 있다. 아프리카 나이지리아의 요루바(Yoruba) 부족의 말로 '인생은 흘러가는 것'(Life goes on)이라는 뜻이라고 한다. '그 까짓것 괜찮아, 인생은 흘러가는데 뭐!'라는 의미이다.

흘러가는 인생에 아픔을 씻을 수도 있다. 그러나 근본적인 치유는 아니다. 진정한 치유는 하나님이 만져 주실 때 임한다.

하나님은 시편 37편 23,24절에서 이렇게 약속하신다.

여호와께서 사람의 걸음을 정하시고 그의 길을 기뻐하시나니 그는 넘어지나 아주 엎드러지지 아니함은 여호와께서 그의 손으로 붙드심이로다 시 37:23,24

"괜찮아! 네 존재 자체가 나에겐 기쁨이란다. 다시 시작하거라! 내가 너를 다시 일으켜 세우마. 넘어져도 잠시 동안이야, 아주 엎드러지지 않는단다. 내가 너를 붙들기 때문이야! 괜찮아, 다시 일어나거라!"

주님의 이 음성이 눈물겹다.

지나가던 깨엿장수 아저씨의 '괜찮다'는 위로가 장영희 교수에게 그리도 힘을 주었다는데, 천지만물을 지으신 하나님의 위로는 얼마나 역사하는 힘이 크겠는가.

어느 시인은 구름이 많이 모여 그것을 견딜만한 힘이 없을 때 하늘은 비를 쏟아내고, 슬픔이 많이 모여 그것을 버틸만한 힘이 없을 때 우리는 눈물을 흘린다고 했다. 고여 있는 것은 그 무게 때문에 휘청이며 견딜 수가 없다. 무게를 덜어내야 한다. 하나님 앞에서 울면 된다. 아브라함도 야곱도 다윗도 베드로도 사도 바울도 모두 넘어진 적이 있다. 그러나 모두 주님 앞에서 울었다. 그러면 주님은 괜찮다고 위로하시며 일으켜 주신다.

인생의 경기장 앞에 서 있는 우리.

우리가 잘 달리면 "자알~ 했어!"

우리가 넘어지면 "괜찮아, 괜찮아."

들을수록 감동적인 하나님 아버지의 목소리이다. 이 음성을 들은 우리는 이웃을 위로해 줄 수 있다. 주님이 우리에게 그러하셨듯 "괜찮아!" 이 따뜻한 말로 이웃을 위로해 주고 싶다.

'위로'라는 말은 말 그대로 '위로' 올려 준다. 아래로 처진 어깨를 '위로' 올려 준다. 아래로 숙인 고개를 '위로' 들어 하나님을 보게 한다. 힘들지 않다. 따뜻한 중보기도, 따뜻한 말 한마디면 쓰러진 이웃을 위로할 수 있다.

"괜찮아! 주님이 다시 일으켜 주실 거야!"

「나도
꿈이
있다구!」

고골 | 외투

──────── 러시아 페테르부르크 관청의 말단 서기인 아키키 예비치는 요령도 처세술도 없는 사람이다. 가족도 없이 그저 시계추처럼 왔다 갔다 출퇴근할 뿐이었다. 사람들은 그에게 아무런 관심도 주목도 주지 않았다. 마치 있으나 없으나 한 남자 양복의 아래 단추 같은 사람이었다.

그런 그에게도 소원이 있었다. 새 외투를 한 벌 사는 것이 그의 꿈이다. 그러나 보잘것없는 수입으로 외투를 사기란 하늘의 별따기만큼 힘든 일이었다. 그는 극도로 아끼고 아껴서 드디어 꿈에 그리던 외투를 장만하게 된다. 얼마나 기뻤을까?

하지만 새 외투를 산 지 이틀 만에 불량배들에게 빼앗기고 만다. 그는 절망 속에서 외투를 찾아달라고 경찰서장에게 진정하고 유력한 인사들에게 매달려 보지만 소용없었다. 그의 하소연은 늘 그랬듯이 하찮은 사람의 하찮은 일처럼 무시당한다. 결국 그는 충격으로 시름시름 앓다가 죽고 만다. 그가 죽어도 페테르부르크 시는 아무 일 없다는 듯이 일상이 유지된다.

이야기가 여기서 끝난다면 정말 허무할 것이다. 그런데 반전이 일어난다. 그가 유령이 되어 도시에 나타난 것이다. 그러고는 사람들의 외투를 자기 것이라고 하면서 빼앗아 갔다. 도시는 발칵 뒤집혔다. 존재감 없던 사람이 최고로 존재감 있는 사람이 된 것이다.

죽은 사람이 유령이 되어 나타난다는 것은 결코 성경적이지 않다. 고골이 성경에 대해 깊은 조예가 있었는지는 모르겠다. 그러나 고골은 유령이라도 등장시키고 싶었다. 그래서 있으나 마나 했던 사람, 아무 관심도 끌지 못했던 사람, 그런 사람도 꿈이 있었고 존재성이 있었다는 것을 말하고 싶었던 것이다. 참 애처로운 몸짓이다.

나, 여기 있어요
〈당신은 사랑받기 위해 태어난 사람〉이라는 유명한 CCM이 있다.

당신은 사랑받기 위해 태어난 사람

당신의 삶 속에서 그 사랑받고 있지요
태초부터 시작된 하나님의 사랑은
우리의 만남을 통해 열매를 맺고
당신이 이 세상에 존재함으로 인해
우리에게 얼마나 큰 기쁨이 되는지

꼭 기독교인이 아니더라도 어느덧 생일잔치 같은 데서 자주 불리는 애창곡이 되었다.

"당신은 사랑받기 위해 태어난 사람!"

이 축복을 아무런 존재감 없던 소설의 주인공 아키키예비치에게 보낸다면 어떤 표정을 지을까? 아키키예비치는 어찌 보면 우리의 모습이기도 하다. 전 우주를 품고 있는 우리이지만, 우리가 이 세상을 떠난다 해도 세상은 변하지 않는다. 전철은 여전히 달릴 것이요, 라디오에서는 노래가, TV에서는 여전히 광고가 흘러나올 것이다. 우리의 존재감은 밀란 쿤데라의 말처럼 참을 수 없을 정도로 가볍다.

존재성(존재감)이란, '사람, 사물 등이 실제로 있다고 생각하는 느낌'을 일컫는다. 한 조직에서 '꼭 필요한 사람'은 존재감이 강한 사람이다. 프란시스 베이컨은 어느 조직에나 세 종류의 사람이 있다고 했다. '꼭 있어야 할 사람', '있으나 마나한 사람', '있어서는 안 될 사람'.

당연히 '꼭 있어야 할 사람'으로 살아야 행복할 것이다. 그러나 이것이 얼마나 어려운가? 얼마간은 꼭 있어야 할 사람이 될 수도 있지만, 내가 없으면 안 되는 상황이 무한정 계속되지는 안는다. 톡 쏘는 맛이 사라지고 김빠진 콜라처럼 그저 검은색 설탕물이 되어간다. 여기에 우리의 비극이 있다. 우리는 서서히 있으나 마나한 투명 인간이 되어 간다.

그리하여 외로운 우리는 트위터, 페이스북, 카카오 스토리 등 이야기 광장에 글을 띄우며 산다. 실제로 이 광장에서의 소통은 우리를 시원케 하는 경우가 많다. 글을 올리면서 우리는 속으로 이렇게 말한다.

'나 여기 있어요. 나 예쁘지요? 오늘 내가 느낀 것이 무엇인 줄 아세요?'

나의 존재감을 알리고 싶은 것이다. 내가 살아 있고, 이러저러한 생각을 하고 있다는 것을 보여 주고 싶은 것이다. 그래도 날 알아주지 않으면 더 자극적이고 강력한 말을 써서 '미친 존재감' 을 드러내기도 한다. 그렇게 한다고 존재감이 드러날까? 아니, 예수님을 만나야 한다!

가치를 알아줄 때 더 빛난다

스티븐 코비의 《오늘 내 인생 최고의 날》에 나오는 이야기이다. 남태평양의 키니와타 섬에 자니 링고라는 성실한 사람이 있었다. 그런데 신실하기로 유명한 그가 비웃음을 사게 되는 일이 일어났다. 결혼을 위해 지불한 암소 여덟 마리 때문이었다.

이 섬에서는 결혼을 할 때 남자가 여자의 아버지에게 암소로 대가를 치르는 풍습이 있다. 보통 여자라면 암소 네 마리, 그렇지 않으면 세 마리, 한 마리를 줄 수도 있다. 그런데 자니 링고의 아내 사리타는 그리 매력적인 여자가 아니었다. 사리타의 아버지 샘카루는 자신의 딸이 결혼이나 제대로 할 수 있을까 노심초사할 정도였다. 그래서 샘카루의 집안에서는 암소 세 마리, 그것도 안 되면 두 마리를 요구할 참이었다. 그런데도 암소 여덟 마리를 주었으니 비웃음을 살만했다.

얼마 후 퍼트리샤 맥거라는 작가가 링고의 집을 방문했다. 그는 링고의 아내 사리타를 보는 순간 놀랐다. 소문과는 달리 너무 아름다웠기 때문이다. 빛나는 눈과 자신에 찬 미소, 당당한 걸음.

퍼트리샤 맥거가 물었다.

"아내의 모습이 정말 아름답습니다. 어떻게 소문과 이토록 다를 수가 있지요?"

그러자 링고가 대답했다.

"결혼 후에 여자들은 서로 이야기하면서 남편이 자신을 높은 가격으로 사왔다고 자랑합니다. 어떤 사람은 암소 네 마리를 줬다고 하고 또 어떤 사람은 여섯 마리를 줬다고 말합니다. 그러면 암소 한두 마리에 팔려온 여자는 어떤 기분이겠습니까? 사리타의 자존심을 상하게 하고 싶지 않았습니다."[29]

암소 여덟 마리의 가치를 쳐 주는 순간 아내는 정말 암소 여덟 마리 가치의 존재로 거듭났다. 가치 있게 봐주는 눈, 넉넉하게 평가해 주는 따뜻한 마음이 사람을 변화시킨다. 사람은 참 스승을 만나야 변화된다. 참 스승은 내 가치를 높여 주는 사람이다. 모두들 나를 돌멩이로 보지만 참 스승은 틈새에 숨어 있는 금가루를 발견해 주는 사람이다.

사도 바울은 복음을 전하다가 살해 위협을 당하기도 했고, 감옥에 갇히기도 했고, 매를 맞기도 했다. 그의 삶은 누더기가 된 것이다. 그러나 늘 당당하고 자신감이 넘쳐났다. 그 이유가 무엇일까? 바울의 가슴 속엔 지울 수 없는 하나님의 사랑에 대한 확신이 있었기 때문이다. 이 고백을 들어 보라.

자기 아들을 아끼지 아니하시고 우리 모든 사람을 위하여 내주신 이가 어찌 그 아들과 함께 모든 것을 우리에게 주시지 아니하겠느냐 롬 8:32

하나님은 우리를 구원하실 때 "너를 구원하겠노라!"라는 말씀 한마디만 하셨어도 가능했을 것이다. 하나님은 말씀 한마디로 천지 만물을 창조하신 분이 아닌가. 그런데 우리를 구원하실 때에는 간단한(?) 말씀으로 구원하시지 않고 독생자 예수 그리스도를 보내 주셔서 십자가에 달리게 하셨다.

스티븐 코비의 이야기와 연결해 보면, 하나님은 우리를 구원하시기 위해 암소 여덟 마리, 아니 수백 마리, 아니 키니와타 섬에 있는 모든 암소를 지불하신 것이다. 아니, 세상 모든 암소를 모아도 비교할 수 없는 독생자 예수 그리스도를 십자가에 내어주신 것이다. 그렇게 하심으로써 우리가 하늘같은 존재감을 갖기 원하셨던 것이다.

"너는 나의 아들을 십자가에 죽게 해서 얻어진 존재야!"

바울은 이런 존재감, 이런 자부심으로 가득했던 것이다.

오늘도 부르시는 주님

누가복음 19장을 보면 〈외투〉의 아키키예비치와 같은 존재가 나온다. 그의 이름은 삭개오다. 삭개오는 여리고에서 세금을 징수하는 세리장이었다. 사람들은 그를 보면서 '민족의 피를 빨아먹는 악덕 매국노'라고 수군거리며 손가락질했을 것이다. 게다가 삭개오는 키도 너무 작았다. 한마디로 아무리 자신의 존재감을 나타내 보이려 해도 아무도 인정하지 않는 아키키예비치 같은 사람이었다. 아니, 더 나아가 마이너스 존재감으로 살아가는 사람이었다. 그런 그가 예수님을 만났다.

예수님과 삭개오의 만남의 시작은 예수님이 일부러 삭개오의 이름을 부르실 때부터였다.

예수께서 그곳에 이르사 쳐다보시고 이르시되 삭개오야 속히

내려오라 내가 오늘 네 집에 유하여야 하겠다 하시니 _{눅 19:5}

그의 이름을 불러 주신 것은 그의 존재를 불러 주신 것이다. 어디 그 뿐인가? 삭개오의 집에 가시고 가슴 벅찬 축복까지 해 주신다.

"그대도 아브라함의 자손이야!"

이렇듯 삭개오는 그를 인정해 주시는 분을 만나 존재가 빛나기 시작했다. 그러자 그의 모든 것이 변했다. 가치관이 변하며, 인격이 달라지고, 이웃에게도 베푸는 삶을 살게 되었다.

삭개오에게 생명을 주신 주님은 오늘도 이렇게 말씀하신다.

인자가 온 것은 잃어버린 자를 찾아 구원하려 함이니라 _{눅 19:10}

이름이 있으나 잃어버린 자, 살아 있으나 없는 것 같은 사람. 그러나 그런 사람도 주님을 만나면 생명의 존재감으로 넘치게 된다. 겨우 '외투' 한 벌이 꿈이 아니라 세상을 품은 비전의 사람이 된다.

「이웃이 들어오는 비밀의 문, 부족함」

─────── 슈렉은 못생기고 몸집이 큰 녹색 괴물 같다. 숲속의 습하고 어두운 늪지대에서 동화책을 화장실 휴지로 쓰며 혼자 살고 있었다. 영화에서 도저히 주인공을 꿈꿀 수 없는 존재이다.

슈렉은 자기 영역에 들어오는 이들에게 일부러 무서운 괴물같이 연기해 숲을 지키고 있었다. 그런데 악한 영주 파콰드 때문에 백설공주, 피터팬, 피노키오 등 온갖 동화 속의 주인공들이 숲속으로 오게 되었다. 왕년에 한가닥 했던 이들의 운명이 녹색 괴물 슈렉의 손에 달리게 된 것이다.

악한 영주 파콰드는 피오나 공주와 결혼하면 왕이 될 수 있다는 것을 알고 있다. 그러나 피오나 공주는 무서운 용이 지키는 성에 갇혀 있었다. 용과 대결할 자신이 없던 파콰드는 어쩔 수가 없었다. 이때 늪지대 관할 문제로 슈렉이 찾아왔다. 파콰드는 용의 성에 갇혀 있는 피오나 공주를 데려오면 늪지대를 돌려주겠다고 한다. 이제 숲을 지킬 수 있는 방법은 피오나 공주를 구하는 것이었다.

슈렉은 용의 섬에서 아름다운 공주 피오나를 구했다. 그런데 어쩌면 좋은가. 공주에게 사랑을 느낀다. 배달 사고가 난 것이다. 피오나 공주에게는 한 가지 비밀이 있었다. 그녀는 저주에 걸려 해가 지면 못생기고 뚱뚱한 여자로 변하고 만다. 슈렉은 피오나가 자기와 비슷한 부류에 속한 것을 알고 오히려 기뻐한다. 마침내 사랑을 고백하고 키스를 한다. 피오나는 사랑의 키스를 받아 저주가 풀려서 하늘에 들렸다가 다시 내려오게 된다. 그런데 눈부신 미인으로 돌아온 것이 아니라, 못생기고 뚱뚱한 모습 그대로 다시 나타났다. 기막힌 반전이다. 절세의 미인으로 돌아올 줄 알았는데….

피오나가 말한다.

"이해가 안 되네요. 아름다워져야 하는데."

슈렉이 대답한다.

"당신은 이미 아름다워요."

결국 슈렉과 피오나는 결혼하게 된다. 그러나 이들은 여느 만화영화처럼 왕과 왕비가 되어 왕궁으로 떠나는 것이 아니었고, 숲으로 돌아가 모두와 더불어 즐겁게 살아간다.

쳐다만 봐도 즐거운 사람들

'히어로'(hero)는 '영웅'이라는 뜻이지만 '주인공'이라는 의미도 있다. 거의 모든 영화와 소설에서는 영웅이 주인공이 된다. 유리 같이 매끈하고 흰 피부의 왕자와 눈송이 같고 꽃망울 같은 공주가 그들이다. 그러나 영화 〈슈렉〉은 우리 같은 평범한 사람들도 주인공이 될 수 있다는 통쾌한 희망을 주었다.

오래전, 한 음료 회사에서 '2% 부족할 때'라는 음료수를 출시했다. 주스라고 하기에는 2퍼센트 부족하고, 물이라고 하기에도 2퍼센트 부족한 맛. 그런데 그 부족함이 오히려 사람들의 마음을 잡았다.

부족함은 사람을 끄는 힘이 있다. 사람들과 소통하게 만드는 신비가 있다. 그래서 옛말에 "못난 놈들은 서로 쳐다만 보아도 즐겁다"라고 했나 보다. 2퍼센트 부족한 사람에게 끌리는 이유는, 나도 2퍼센트 부족한 사람이기 때문이다.

사도 베드로의 이야기를 들으면 긴장이 되지 않는다. 나하고는 격이 다르다는 격세지감을 느끼지도 않는다. 그저 편안하다. 늘 2퍼센트가 부족했던 베드로였기에 그의 이야기를 들으면 어느덧 우리의 입가에는 미소가 흐른다. 그리고 그런 베드로를 끝내 사랑하시는 예수님을 보면서 박수를 친다. '아! 2퍼센트 부족했던 베드로를 예수님이 저리도 사랑하셨으니, 2퍼센트 아니 20퍼센트가 부족한 나도 사랑하시겠구나!' 하면서 희망을 갖는다.

"완벽한 성자(聖者)는 친구가 없다"라는 말이 있다. 모자람과 부족함 속에서 도움을 주고받으며 친구를 사귀는 것이고, 겸손을 배우는 것이다. 부족함이 없다고 생각하는 사람은, 하나님도 이웃도 별것 아니게 여긴다.

그 대표적인 예가 여기 있다. 할리우드의 최고 스타들이 결혼했을 때 백년해로를 하는 경우가 드물다고 한다. 어느 기자가 그 이유를 분석했더니 이들은 자신이 최고이기에 부족한 것도, 아쉬운 것도 없어서 배우자에게 크게 기대하지 않는다는 것이다. 조금도 속박 당하려고 하지 않고, 자기 뜻대로만 하려 한다. 결국 충돌을 피할 수 없게 되고, 헤어진다는 것이다.

참 아이러니 하지만, 넘치는 것보다 조금 모자란 것이 좋다. 모자라야 서로의 필요성을 알고 겸손하며, 서로를 이해한다.

이웃은 우리의 '빈 공간'을 통해서 들어온다. 부족해서 겸손한 빈 공간이 소통의 공간이다. 나의 부족함은 이웃이 들어오는 비밀의 문이다. 그래서 하나님은 우리에게 2퍼센트 부족함을 주셔서 더불어 살라고 하셨나보다.

부족할 때 배운다

뿐만 아니다. 우리는 부족함을 통해서 상상력을 배우게 된다. 이어령 교수는 부족함의 역설적인 복을 이렇게 말했다.

우리는 흔히 낙원이라고 해서 '파라다이스'라는 말을 쓰는데, 이 용어는 원래 이집트어로서 에덴동산 같은 낙원이 아니라 황야를 가리키는 말입니다. (중략) 황야이기 때문에 거기에 나무를 심을 수 있고 꽃을 가꿀 수 있고 집을 지을 수 있는 것이지 에덴동산처럼 처음부터 완성된 동산이라면 아무것도 할 게 없습니다. 그것은 낙원이 아니라는 이야기입니다. (중략) 거칠고 황량하기 때문에 오히려 상상력 속에서 꽃과 나무들이 피어날 수 있었던 것입니다.[30]

우리는 누구나 한 가지 이상 결핍된 것을 가지고 있다. 그것이 건강이든, 돈이든, 외모든, 환경이든, 관계든. 결핍이 없는 사람은 없다. 삶은 이러한 결핍을 어떻게 해석하고 활용하는가에 달려 있다. 부족하고 모자란 것이 있을 때 상상하고, 그리워하고, 애틋해 한다.

힘이 있으면 질러 버린다. 그리울 틈도 기다릴 틈도 설레일 틈도 없다. 인생의 큰 아름다움 중 하나인 그리움과 설레임은 부족하고 결핍될 때 나온다. 햇빛만 쏟아지면 사막이 된다.

아라비아 사람들은 황량한 사막 속에서 생활한다. 그러나 《아라비안 나이트》를 보라. 수많은 꽃과 나무 이야기, 아름다운 녹지와 정원 이야기가 나온다. 그들은 꽃과 나무가 결핍되어 있는 모래 위에서 상상의 꽃들을 전설처럼 피워왔던 것이다. 천양희 시인에 의하면, 아르헨티나에서는 해가 지면 곧 어두워지기 때문에 노을을 볼 수 없다고 한다. 노을에의 그리움 때문인지 그에게는 노을에 대한 시가 가장 많다고 한다.[31]

아이들이 말을 배울 때도 '부족함'이 이유가 된다. 아이들은 '엄마', '맘마'라는 말부터 배운다. 눈앞에 먹을 것이 있을 때는 말을 할 필요가 없이 먹기만 하면 된다. 눈앞에 없기 때문에, 배가 고프기 때문에, 목이 마르기 때문에 '엄마', '맘마'라는 말을 한다. 언어학자들에 의하면 말은 풍족하고 감탄스러울 때 배우는 것이 아니라 모자라고 부족할 때 배운다고 한다.

그러나 결핍을 통해서 무조건 아름다워지는 것은 아니다. 부족함 때문에 독을 만들어 자신도 찌르고 이웃을 찌를 수도 있고, 부족함 때문에 겸손을 배워 깊은 공명을 울릴 수도 있다. 우리에게 있는 부족한 점은 우리를 한없는 열등감의 세계로 이끌 수도, 강한 존재로 거듭나게 할 수도 있다.

나의 부족함이 주님을 만나야 한다. 나의 약함이 주님을 만날 때, 약함은 주님의 능력이 머무는 공간이 된다. 이 진리를 깨달은 사도 바울은 이렇게 고백했다.

나에게 이르시기를 내 은혜가 네게 족하도다 이는 내 능력이 약한 데서 온전하여짐이라 하신지라 그러므로 도리어 크게 기뻐함으로 나의 여러 약한 것들에 대하여 자랑하리니 이는 그리스도의 능력이 내게 머물게 하려 함이라 고후 12:9

최고의 인체 공학으로 만든 나이키 신발을 신은 사람과 짝퉁인 나이스 신발을 신은 사람이 달리면, 나이스를 신은 사람이 이긴다고 한다. 이유는, 비싼 신발을 신은 사람은 다른 사람에게 자랑하느라고 상표가 보이도록 느리게 뛰는데 짝퉁 신발을 신은 사람은 누가 볼까 봐 부끄러워서 발에 불이 나도록 달리기 때문이라는 것이다.

부족함과 한계를 주께 맡기면 오히려 강점이 된다. 늘 부족했던 사도 베드로는, 하나님의 은혜로 멋진 사도가 되었다. 그는 자신의 삶을 돌아보며 이렇게 말했다.

오직 우리 주 곧 구주 예수 그리스도의 은혜와 그를 아는 지식에서 자라 가라 영광이 이제와 영원한 날까지 그에게 있을지어다 벧후 3:18

"예수 그리스도의 은혜와 그를 아는 지식에서 자라가십시오! 이 부족한 슈렉 같은 나를, 이토록 세워주신 것은 오직 하나님의 은혜였습니다."

바로 이렇게 고백하는 것이다. 부족함을 아는 자, 그래서 하나님의 은혜를 깊이 체험한 자가 느끼는 깊고 깊은 찬양이다.

2퍼센트, 아니 20퍼센트 부족한 우리.

아직, 희망이 있다!

그까짓 것 뺨 한 대 맞으면 돼!

정주영 | 시련은 있어도 실패는 없다

──────── 전현직 대기업 홍보책임자 모임인 한국 CCO 클럽은 전국경제인연합회 '재계 인사이트' 독자 278명을 대상으로 설문조사를 했다. 그 결과 경영인의 최고 어록으로 고(故) 정주영 현대그룹 명예회장의 "이봐, 해보기나 했어?"가 선정됐다. 2위는 이건희 전(前) 삼성그룹 회장의 "마누라, 자식 빼고 다 바꿔라", 3위는 김우중 전(前) 대우그룹 회장의 "세계는 넓고 할 일은 많다"이다.

현대그룹 정주영 명예회장은 실천력의 대가, 현장성의 대가, 배짱의 남성으로 통한다. 자신 없어 하며 우물쭈물하는 직원들에게 "이봐, 채금자(책임자의 정주영식 발음) 해보기나 했어?" 하며 촌철살인 같은 한 방을 날리기로 유명하다. 그의 자서전《시련은 있어도 실패는 없다》에는 정주영 회장에 얽힌 시원한 일화들이 많이 나온다. 그중에서도 뱃사공과의 일화가 참 유쾌하다.

소년 정주영이 어려서 무작정 상경하던 길에 강을 만난다. 나루터에 도착한 그는 자신이 빈털터리임을 알고 한참을 망설이다 배에 오른다.

🔺

기세 좋게 배에 올랐다. 속담에 '뱃삯 없는 놈이 배에 먼저 오른다'라는 말이 있는데, 우리가 그때 바로 그 속담을 증명해 보인 셈이다. 나룻배 손님은 네다섯뿐이었다. 우리는 뱃전에 의젓하게 걸터앉아 유유하게 흘러가는 강물을 내려다보면서 속으로는 조마조마했다.

나룻배 뱃삯은 배가 기슭에 닿을 무렵에 받는 법이다. 이윽고 배가 기슭에 닿을 때가 되자 뱃사공이 삿대질을 멈추고 뱃삯을 받기 시작했다. 우리한테도 예외 없이 그 투박한 손을 내밀었다. 나는 쑥스러운 얼굴로 고개를 꾸벅했다.

"아저씨, 미안해요. 우리는 돈이 한 푼도 없어요."

"뭐야? 이놈의 자식, 돈도 없이 배는 왜 타!"

뱃사공의 호통과 동시에 따귀가 날아왔다. 눈에서 불이 번쩍하면서 제물에 배에서 육지로 뛰어내려졌다. 이어서 조언구가 철썩 따귀를 얻어맞고 육지로 뛰어내렸다.

'따귀 한 대로 뱃삯 치렀으니 싸게 쳤다. 하하하.'

따귀 한 대씩 얻어맞고도, 그래도 강을 건넌 것에 우리는 신이 났다.[32]

이 배짱과 거침없는 하이킥을 보라. 속이 다 시원하다. 물론 공짜로 배를 타는 것은 옳지 않다. 그러나 뺨 한 대 맞아보면 별것 아니라는 이 돌파력이 부럽다.

빈대철학에 불가능은 없다

정 회장이 인천 부두에서 막일을 하고 있을 때였다. 허름한 노동자 숙소에서 잠을 청하는데 빈대가 들끓어 잠을 잘 수 없었다. 정 회장은 빈대에게 물리지 않으려고 식탁 위에 올라가 잠을 청했다. 그런데도 빈대들은 탁자 다리를 타고 올라와 악착같이 물어댔다. 정 회장이 꾀를 냈다. 대야 4개를 구해 물을 채우곤 탁자의 네 다리를 그 안에 담갔다. 그랬더니 빈대들은 더 이상 탁자에 오르지 못했다. 그날 밤, 오랜만에 편안하게 잠을 잘 수 있었다. 하지만 그것도 이틀을 넘기지 못했다. 빈대들이 다시 공격한 것이다.

'대체 이놈의 빈대들이 물 대야가 있는 탁자 위로 어떻게 올라왔을까?'

불을 켜고 자세히 살펴보았다. 빈대들은 탁자 다리로 오르다가는 물에 빠져 죽을 위험이 있으니까, 아예 벽을 타고 천장으로 기어올라가 몸을 던져 떨어지면서 물었던 것이다. 정 회장은 생각했다.

'빈대도 저렇게 최선으로 노력해서 제 뜻을 이루는구나. 빈대 만도 못한 인간이 되지 말자!'

이것이 바로 그 유명한 정주영의 '빈대철학'이다. 이런 빈대의 교훈을 가슴에 담고 있던 정 회장은 불가능해 보이는 소양강댐 완공 후 이런 말을 했다.

"길이 없으면 길을 찾고, 찾아도 없으면 길을 만들며 나가면 된다."

또 이런 일화도 있다.

정주영 회장의 동생인 정세영 회장이 고려대학교 입학시험에서 떨어졌을 때 정주영 회장은 이렇게 위로했다고 한다.

"힘내라, 나도 고대로 늘 들어가는데 네가 못 들어가겠니?"

공사 때문에 고려대를 자주 출입하던 정주영 회장이 동생을 위로하면서 던진 유머다.

그가 전국 경제인 연합 회장으로 있을 때다. 어느 날 눈에 안 대를 하고 회의에 참석했다. 누군가가 "회장님, 많이 불편하시 겠습니다"라고 하자, 정 회장이 대답했다.

"아니, 오히려 일목요연(一目瞭然)하게 보이는데!"

초등학교 졸업이 학력의 전부이고 무일푼이었던 정주영 회장 은 맨손으로 세계적인 그룹을 일구었다. 이런 기적을 만들어낸 여러 비결이 있었지만 그중의 하나가 정 회장 특유의 배짱과 유머 감각 때문이었다. 배짱은 할 수 있다는 결단이며 돌파력이다. 유머는 시시껄렁한 우스갯소리가 아니다. 유머는 꼬여 있고 혼돈스러운 삶을 유쾌하게 보려는 저항이다.

특전사들은 본격적인 낙하산 훈련에 앞서 10미터 높이에서 점프하는 훈련을 한다. 10미터는 인간이 느끼는 가장 공포스러운 높이라고 한다. 여기서 점프를 하고 나면 나머지 높이는 문제가 아니라는 것이다. 점프를 해야 날아오르는데, 첫 번째 점프가 그리도 어렵다. 이때 옆에서 "이봐, 넌 할 수 있어. 빈대만도 못한 인간이 되어서는 안 돼. 뺨 한 대 맞아 보면 별것 아니야!" 하며 용기를 주는 사람이 있다면 얼마나 좋을까.

거룩한 배짱을 가지라

가나안을 눈앞에 두고 이스라엘 백성은 열두 정탐꾼을 보냈다. 가나안을 정탐하고 온 열 명의 정탐꾼들은 가나안 땅이 척박한 것과 크고 막강한 가나안 족속을 보고 온갖 부정적인 견해를 쏟아냈다. 그 부정적인 이야기를 들은 이스라엘 백성은 멘붕에 빠졌다. 이때 여호수아와 갈렙이 이렇게 외친다.

여호와께서 우리를 기뻐하시면 우리를 그 땅으로 인도하여 들이시고 그 땅을 우리에게 주시리라 이는 과연 젖과 꿀이 흐르는 땅이니라 다만 여호와를 거역하지는 말라 또 그 땅 백성을 두려워하지 말라 그들은 우리의 먹이라 그들의 보호자는 그들에게서 떠났고 여호와는 우리와 함께하시느니라 그들을 두려워하지 말라 하나 민 14:8,9

여호수아와 갈렙은 다른 정탐꾼들에게 없었던 하늘의 혜안을 가지고 있었다. 그리하여 '비록 가나안 족속들이 장대할지라도 우리의 먹이'라고 하면서 우렁찬 믿음의 고백을 한다. 어떻게 이런 하늘의 관점을 가질 수 있었을까? 그것은 그들이 신실한 예배와 기도로 '하나님과 깊이 접속'하고 있었기 때문이다. 세상 리더와 신앙 리더와의 가장 근본적인 차이가 이것이다. 하나님과 깊이 접속하고 있으면 하나님의 능력을 행하게 된다.

다윗도 그랬다. 골리앗이 40일 동안이나 이스라엘 군대 앞에서 이스라엘을 모독하는 독한 저주를 한다. 키 2미터 90센티, 칼은 사람 두 배 길이의 장수가 외치는 저주이다. 그것도 40일간 던진 독설이다. 세계 챔피언급의 권투 선수가 던지는 잽은 거의 스트레이트에 가깝다. 그런 잽은 몇 방만 맞으면 휘청거리게 된다. 그런데 40일 동안 이러한 스트레이트성 잽을 맞는다고 생각해 보라. 이미 이스라엘은 전투하기도 전에 KO 직전이었다. 그런데 다윗이 그런 골리앗 앞에서 외친다.

다윗이 블레셋 사람에게 이르되 너는 칼과 창과 단창으로 내게 나아오거니와 나는 만군의 여호와의 이름 곧 네가 모욕하는 이스라엘 군대의 하나님의 이름으로 네게 나아가노라 오늘 여호와께서 너를 내 손에 넘기시리니 내가 너를 쳐서 네 목을 베고 블레셋 군대의 시체를 오늘 공중의 새와 땅의 들짐승에게 주어 온 땅으로 이스라엘에 하나님이 계신 줄 알게 하겠고 또 여호와의 구원하심이 칼과 창에 있지 아니함을 이 무리에게 알게 하리라 전쟁은 여호와께 속한 것인즉 그가 너희를 우리 손에 넘기시리라 삼상 17:45–47

만군의 여호와의 이름! 이것이 다윗이 가진 거룩한 배짱의 근원이었다.

자, 이름을 한 번 보자. 루이비통, 구찌, 샤넬, 입생로랑, 프라다, 발렌시아가, 크리스챤 디오르, 까르띠에, 벤츠, 폭스바겐, 람보르기니, 롤스 로이드…. 이들은 다 명품 브랜드이자 동시에 사람 이름이다. 현대는 이른바 '브랜드 파워'(brand power)의 시대이다. 코카콜라는 브랜드 파워가 160억 달러에 이른다. 지금도 회사들이 외국 회사의 이름이나 외국 상표 하나 빌려오는 데 로얄티로 수천 억 원씩 지불하고 있다. 나이키 같은 운동화 회사는 생산시설이 없다. 전부 동남아시아에서 만들고, 오직 이름 하나만 갖고 장사를 한다.

이런 세상 상품의 이름과는 비교할 수 없는 이름이 있다. 바로 '하나님의 이름'이다. 하나님의 이름은 그 능력과 신뢰도에서 타의 추종을 불허한다. 만약 누군가가 하나님의 이름을 독점적으로 사용하며 사업을 한다면 그야말로 세계 시장을 싹쓸이할 것이다. 다윗은 그 하나님의 이름을 앞세워 거인 골리앗 앞에 나아갔다.

"너는 칼과 창과 단창으로 내게 나아오거니와 나는 만군의 여호와의 이름으로 네게 나아가노라."

그 결과 기적 같은 일이 일어나 다윗은 거인을 무찌른다. 다윗이 사용했던 '만군의 여호와의 이름'은 다윗만이 독점하는 것이 아니라, 모든 성도에게 주신 하나님의 선물이다. 하나님이 자신의 이름을 사용하라고 하셨다. 이는 성도에게 주신 최고의 권능 중 하나이다.

우물쭈물하며 자신 없어 하는 우리에게 주님은 오늘도 말씀하신다.

"이봐! 해 봤는가? 뺨 한 대 맞는 거 별거 아니야! 거룩한 배짱을 가져! 그들은 너희의 먹이야! 내가 너와 함께할 거야!"

세상이 강해서 우리가 쪼그라드는 것이 아니다. 하나님에 대한 깊은 묵상과 확신이 없기에 하나님이 작아 보이고 세상이 커 보이는 것이다.

믿음이 없던 정주영 회장도 배짱 있는 말을 하며 살았는데, 하나님을 믿는 우리는 왜 그리 작게 사는지 모르겠다. 믿음의 삶이란 하나님이 함께하심을 믿고 '거룩한 배짱'으로 사는 것이다. 주님의 명령이면 우물쭈물하지 말고 지금 해 보자. 주님이 함께하시니 할 수 있다!

「차선(次善)에게도 박수를」

김훈 | 흑산

─────── 소설 《흑산》은 하나님을 믿는 신앙으로 인해 박해를 받았던 정약용의 가문과 민초들의 굴욕, 그 소용돌이 속에서의 삶을 그리고 있다. 정약종은 순교하고, 정약전과 정약용은 유배를 떠난다. 소설 《흑산》의 주인공은 정약전이다. 이 소설은 정약전이 흑산도로 유배를 떠나는 장면에서부터 시작된다. 순교자가 아닌 산 자, '저기' 최선의 순교의 자리가 아닌, '여기' 살아 있는 자의 '차선(次善)의 이야기'가 《흑산》이다.

차선 속에서 최선을 만든 사람들

정약전은 유배지 흑산에서 사는 것을 받아들인다. 그리하여 '검다'라는 의미의 '흑산'(黑山)이라는 이름을, 똑같은 검다라는 뜻이지만 조금의 빛이 스며들 수 있는 검은색을 의미하는 '자산'(玆山)으로 바꾸어 살아간다.

소설 속에서 정약전은 이렇게 말한다.

여기서 살자. 여기서 사는 수밖에 없다. 고등어와 더불어, 오칠구와 더불어 창대와 장팔수와 더불어 여기서 살자. 섬에서 살자.[33]

그러면서 바로 이 흑산도, 아니 자산도에서 정약전은 우리나라 주변 어족들의 정보에 대한 명저 《자산어보》(玆山魚譜)를 쓴다. 차선 속에서 최선을 만들어 낸 것이다.

"못 잡은 범이 크다"라는 말이 있다. "못 잡은 가오리가 멍석만 하다"라는 말도 있다. 최선을 못 이룬 것에 대한 회환이다. 차라리 "이빨이 없으면 잇몸으로 산다"라는 긍정의 말을 쓰라. 정약전이 만약 세상을 한탄하며 술독에 빠져 살았다면 그저 처참한 패배자로 남았을 것이다.

협상에 대해 조금이라도 공부를 해본 사람이라면 '배트나'(BATNA·Best Alternative To Negotiated Agreement: 최선의 대안)에 대해 알 것이다. '배트나'란 협상에서 실패했을 때 가지고 있는 차선책, 즉 최선의 대안을 의미한다. 사실 협상은 최선의 대안으로 이루어지는 경우가 많다. 최선이 아니라 차선인 것이다.

우리는 종종 "2등은 아무도 기억하지 않는다", "차선은 최선의 적이다!"라는 등의 말을 들어왔다. 경영계에는 이런 말도 있다. "전쟁에서의 2등은 죽음을 의미하며, 경영에서의 2등은 도산을 의미한다!" 스티브 잡스의 애플사는 "소비자에게 최고의 것을 주기 위해서 차선과 타협하지 않는다"라고 말할 정도다.

물론 아브라함처럼 하나님이 주시고자 하는 최선의 이삭을 기다리지 못하고, 차선으로 이스마엘을 낳는 오류를 범해서는 안 된다. '차선을 최선으로 만들라'라는 말은 그런 의미가 아니다. 이런 경우는 차선이라기보다 미봉책이라고 하는 것이 옳을 것이다.

물론 최선이 있을 때는 차선은 차선일 뿐이다. 그러나 우리는 죄성 때문에 하나님이 주시는 최선의 삶을 살지 못하는 경우가 태반이다. 밧세바를 범한 다윗, 예수님을 배신했던 사도 베드로, 집 나갔던 탕자. 모두들 실수와 허물투성이다.

탕자의 경우를 보자. 탕자에게 있어서 최선의 삶은 아버지를 떠나지 않는 것이었다. 그러나 그는 떠났다. 갖은 고난 끝에 아버지께로 다시 돌아왔다. 이제부터 차선의 삶인 것이다. 그러면서 자신은 자녀의 자격이 없으니 품꾼의 하나로 여겨 달라고 한다. 그러나 아버지는 이렇게 말한다.

아버지는 종들에게 이르되 제일 좋은 옷을 내어다가 입히고 손에 가락지를 끼우고 발에 신을 신기라 그리고 살진 송아지를 끌어다가 잡으라 우리가 먹고 즐기자 이 내 아들은 죽었다가 다시 살아났으며 내가 잃었다가 다시 얻었노라 하니 그들이 즐거워하더라 눅 15:22-24

아버지는 최선의 삶을 살지 못한 탕자에게 나가 죽으라고 말하지 않고, 그의 차선의 삶을 축복했다. 그러면서 '너는 품꾼이 아니라, 여전히 내 사랑하는 아들'이라고 하시며 다시금 새 힘을 주신다.

맑은 물이 없으면 탁한 물을 마실 수밖에 없다. 그러나 "최선이 아니면 제로(0)?" 그렇지 않다. 실패가 곧 끝이 아니듯이, 최선이 아니면 차선이 있다. 평범도 지극하면 비범이 된다.[34] 차선도 지극하면 최상이 된다. 인생을 살아갈수록 '전부가 아니면 전무(全無)'(all or nothing)의 흑백논리를 떠나 긴 호흡으로 차선을 바라보자.

고난이 내게 유익이라

우리가 흔히 '차선'이라고 말하는 것에 대해 기독교 상담학자 래리 크랩은 《깨어진 꿈의 축복》에서 또 다른 해석을 내놓는다.

"하나님, 날 사랑하신다면서 어떻게 이러실 수 있습니까?"

"제가 바랐던 것이 나쁜 것도 아니고, 하나님 잘 섬기면서 이 한 세상 행복하게 사는 것뿐인데, 왜 제 꿈을 앗아가시나요?"

이루고 싶던 꿈이 깨지고, 인생이 예상한 것과는 다른 방향으로 흘러가고, 쓴 고난이 닥칠 때, 우리는 하나님께 이렇게 부르짖는다. 더군다나 이런 외침 속에서도 하나님은 침묵하시고 고난이 깊어만 간다면 그 황망함도 깊어진다.

래리 크랩은 룻기에 나오는 나오미의 이야기로 깨진 꿈을 통해 보이시는 하나님의 마음을 말한다. 하나님은 이 세상에서의 축복이라는 낮은 차원의 꿈을 깨뜨리시면서 가장 위대한 꿈, 즉 하나님을 만나 그분과 사귀며 변화되는 꿈을 꾸도록 우리를 인도하신다는 것이다.

"하나님은 보다 위대한 것을 향한 열망을 주시기 위해, 선하지만 저차원적인 우리의 꿈을 깨뜨리신다."[35]

하나님은 우리가 생각하는 작은 행복이 아니라 크고 위대한 하나님의 행복을 주시려고 우리의 작은 꿈을 잠시 접으신다는 것이다.

래리 크랩의 말을 계속 들어 보자.

이렇게 저 차원적인 꿈이 깨어져 고통을 느끼는 과정을 통해, 우리는 스스로가 진정 원하는 것이 세상적인 축복이 아니라 하나님을 만나고자 하는 열망임을 자각하게 된다. 그리고 바로 그 순간 우리의 삶속에서 혁명이 시작되는 것이다. (중략) 우리의 꿈이 깨어지는 것은 결코 우연이 아니다. 이러한 실패의 사건들은 거대한 퍼즐의 한 조각이자, 진정한 기쁨이라는 종착역을 향해 나아가는 기나긴 여정 속에서 반드시 거쳐야 할 관문이다. (중략) 꿈이 깨어질 때 우리는 고통을 느낀다. (중략) 이 고통이야말로 우리가 하나님의 품에 안길 수 있는 기회이다. 또한 하나님께서 우리에게 최상의 축복을 주길 원하신다는 것과, 우리 안에 하나님과의 만남을 향한 열망이 깊이 자리 잡고 있다는 것을 깨달을 수 있는 기회이다. [36]

충분히 가능한 일이다. 자신이 꾸고 있던 꿈이 깨졌다고 고통스러워하면서 이제부터는 '차선'의 인생이 시작되었다고 말하는 우리에게 하나님은 이렇게 말씀하신다.

"사랑하는 자여, 지금부터가 최상이다!"

깨진 꿈과 고난을 통해 주님을 만나고 주님과 동행하게 된다면, 깨진 꿈은 위대한 꿈으로 변한다.

고난당한 것이 내게 유익이라 이로 말미암아 내가 주의 율례들을 배우게 되었나이다 시 119:71

미국 노스웨스턴 대학의 심리학 연구팀은 올림픽에서 메달을 딴 선수들의 얼굴을 분석한 보고서를 낸 바 있다. 그 결과 놀랍게도 기쁜 표정을 짓는 선수의 순서가 금, 은, 동이 아니라 금, 동, 은이었다. 마음의 태도 때문이다. 은메달리스트는 '조금만 더 잘했더라면 금메달을 딸 수 있었는데' 하면서 금메달의 시각으로 자신을 바라본다는 것이다. 반면, 동메달을 딴 선수는 메달을 따지 못한 선수들의 관점에서 자신의 동메달을 보게 된다. '내가 메달을 따다니!'

그래서 동메달을 딴 선수가 은메달을 딴 선수보다 더 환한 표정을 짓는다는 것이다. 최선만이 최상은 아니다. 차선도 최상이 될 수 있다. 우리는 동메달의 기쁨으로 살아가야 한다.

누구든 자기가 생각하는 최선의 인생을 사는 사람은 드물다. 대부분이 차선의 인생이다. 차선, 아니 차차선을 살고 있다고 해서 삶을 내던지지 말아야 한다. 차선을 최선으로 만들어야 한다. 차선 속에서도 《자산어보》가 나올 수 있다.

차선까지도 축복하시는 하나님은 차차선인 우리도 축복하신다. 이미 최선이 지나갔는가? 그렇다면 '최고의 차선'을 살자.

「스펙을
이기는
스토리가 있다」

김정태 | 스토리가 스펙을 이긴다

스토리가 스펙을 이긴다. 아니 더 정확하게 표현하자면, 스토리는 스펙을 이길 수밖에 없다. 당신에겐 당신만의 이야기가 있는가, 지금 그 이야기를 만들기 위해 노력하고 있는가, 혹시 지금도 다른 사람과 자신을 비교하고, 혹은 주변 상황을 살피고 환경을 탓하는 데 시간을 낭비하고 있지는 않은가. 나는 자신을 긍정하고, 지금 당장 자신만의 이야기를 만들어가라고 이야기해 주고 싶다. 당신은 보이는 것보다 크다.[37]

김정태의 《스토리가 스펙을 이긴다》 중에 나오는 구절이다. 제목 그대로이다. 이 책의 주제는 남들과 똑같은 스펙보다는 차별성이 있는 나만의 '스토리'를 가진 자가 승리한다는 것이다.

비슷비슷한 스펙을 가진 사람은 많지만, 나와 같은 스토리, 나와 같은 삶을 산 사람은 없다. 자기 이야기가 많은 사람이 자기 삶을 살아가는 사람이다.

'스펙'이란 말은 기계의 사양을 뜻하는 'specification'을 뜻한다. 따라서 '스펙이 좋다'는 말은 다른 제품이 가지지 못한 기능들이 있음을 뜻한다. 즉, 기능적인 면을 의미한다. 반면 '스토리' 즉 '이야기'란, 스토리텔링의 전문가 리처드 맥스웰의 표현처럼 "자신만의 독특한 경험에 감성을 입힌 것"이다. 비슷비슷한 기능을 넘어선 독특한 실력을 의미한다.

스펙은 '최초', '최대', '최고'를 지향하지만, 스토리는 '유일한', '독특한', '특별한'과 같은 말을 좋아한다.

스펙은 숫자로 표현되지만, 스토리는 가슴으로 표현된다.

스펙은 나의 성공만 내세우지만, 스토리는 나의 약점이 오히려 경쟁력이 되기도 한다.

스펙은 남을 경쟁상대로 보고 나 한 사람만 기쁘게 하지만, 스토리는 모두를 기쁘게 한다. 스토리 속에서는 모두가 주인공이다.

어떤 사람이 자신의 스펙을 늘어놓으며 자랑하는 것을 본다고 하자. 겉으로는 "와, 대단해!" 하지만, 속으로는 '너 잘났다!' 하며 비비 꼰다. 반면에 눈물과 웃음이 넘치는 스토리를 들을 때는 마치 나의 이야기처럼 맞장구를 치면서 좋아한다. 진정한 고수는 이력이 아닌 자신만의 스토리를 만드는 능력이 있는 사람이다.

취업난이 심해지자 젊은이들은 무한 스펙 경쟁 속으로 들어가게 되었다. 입사에 군이 필요 없는 스펙까지 갖추는 오버 스펙으로 치달았다. 그 결과 '스펙 강박증'이라는 말이 생겨나고 '고스펙 평준화' 현상까지 나타났다. 이 시대 젊은이들은 개국 이래 가장 높은 스펙을 가진 세대이다. 또한 개국 이래 가장 많은 루저(loser)가 있는 세대이기도 하다. 스펙이 모든 것을 보증해 주는 시대가 아니라는 반증이다. 스펙을 결코 무시할 수는 없다. 그러나 기본 스펙을 쌓았다면 더 높고 높은 스펙을 추구하기보다 나의 스토리에 집중해야 한다. 스토리야말로 내가 직접 체험하고 육화한 콘텐츠로, 나만의 무기가 된다.

나의 이야기가 필요한 시대

현 시대를 가리켜 '드림 소사이어티'라고 한다. 드림 소사이어티란 꿈과 감성 그리고 이야기가 주도하는 사회이다. 덴마크의 세계적인 미래학자 롤프 옌센(Rolf Jensen) 교수는 자신의 저서 《드림 소사이어티》에서 이렇게 말한다.

🔆

도래할 사회는 '드림 소사이어티'이다. 이는 기업, 지역 사회, 개
인이 데이터나 정보가 아니라 '이야기'를 바탕으로 성공하게 되는

새로운 사회이다.[38]

꿈과 감성이 지배하는 21세기에 소비자는 상상력을 자극하는 스토리가 담긴 제품을 구매한다는 것이다. 한마디로 사람들은 이제 상품을 사지 않고, 그 상품 속에 들어 있는 '꿈과 이야기'를 산다. 스토리가 스펙을 이겨 소비자의 마음을 움직이는 스토리 산업화 시대가 도래했다는 의미이다.

'광고'는 현대 기술의 총 집결체라고 불린다. 현대의 거의 모든 광고는 '스토리의 힘'에 의지하는 경우가 많다.

⚜

'에비앙'은 물이 아닌 약이라는 브랜드 스토리를 200년 넘게 들려주고 있고, '지포' 라이터는 베트남 전쟁에서 총알을 막아 준 이야기로 주목을 받았고, 지포사는 이를 많은 광고에 인용했다. (중략) '코카콜라'의 홈페이지는 그 탄생부터 광고의 역사, 로맨스, 군대 이야기에 이르기까지 코카콜라의 수많은 이야깃거리가 있다. 또 코카콜라 박물관에는 그들의 역사를 담은 비디오, 광고, 제품 포장, 자판기 등이 전시되어 소비자로 하여금 말할 거리를 만들어 준다.[39]

세상의 모든 사람과 만물에는 이야기가 있다. 고수와 하수의 차이는 '그 안에 독특한 이야기가 있는가'에 달려 있다.

《퍼스트 클래스 승객은 펜을 빌리지 않는다》라는 흥미로운 책이 있다. 저자 미즈키 아키코는 승무원 출신이다. 자국 및 외국 항공사를 넘나들며 16년 넘게 퍼스트 클래스 객실을 담당해 왔다. 그가 파악한 퍼스트 클래스 승객의 특징이 있다.

'손에 책이, 특히 역사책이 들려 있다. 펜을 빌리지 않는다. 계속 메모한다. 낯선 사람을 경계하지 않는다. 자기만의 명품이 있다.'

이 중에서 '명품'에 대한 사항을 유의해 보자.

🔱

성공한 사람들의 특징은 세월의 흔적이 담긴 자신만의 명품을 늘 지니고 있었다. 브랜드가 명품이라는 것이 아니다. 비싸서 그런 것도 아니었다. 30년 전 부인이 사준 지갑, 딸이 만들어 준 자수 열쇠고리, 아버지가 선물해 준 만년필, 라이터, 도장, 시계에 이르기까지 값으로 따질 수 없는 추억이 담긴 물건을 소중히 지니고 있었다. (중략) 자신의 물건을 보면서 항상 초심을 되새긴다고 한다. 자신의 오래된 만년필을 통해 어려운 시절 자신을 위해 헌신한 아버지를 떠올리고 늘 초심을 다지며 계약을 하는 사람이 성공하지 않을 수는 없을 것이다.[40]

퍼스트 클래스 승객이 곧 성공한 사람을 상징하지는 않는다. 퍼스트 클래스 승객이 되는 것이 인생의 목표가 될 수도 없다.

그러나 퍼스트 클래스 승객들에게 배울 점이 있다. 이들이 명품을 소지하고 있다는 의미는, 바로 진한 삶의 스토리가 있다는 것이다. 그리고 그 스토리를 소중히 여긴다는 것이다. 스펙보다 스토리이다!

역사(history)는 그분의 이야기(His Story)

예수님의 경우를 보아도 그러하다. 예수님은 하나님의 아들이지만 그가 인간의 옷을 입고 오실 때의 스펙은 정말 초라하기 그지없다. 우선 외모를 보자. 영화에서 혹은 성화(聖畵)에서 자주 보는 예수님은 적당하게 큰 키에 조각 같은 몸매, 어깨까지 내려오는 윤기 나는 곱슬머리, 잘 생긴 이마, 고운 피부에 광채 나는 큰 눈, 배우같이 잘 다듬어진 턱수염을 가지고 있다. 지극히 서구적인 관점이다. 셈족 계열일 수밖에 없는 예수님은 그렇지 않았을 것이다. 이사야서에 보면 예수님의 모습을 유추할 수 있는 구절이 나온다.

그는 주 앞에서 자라나기를 연한 순 같고 마른 땅에서 나온 뿌리 같아서 고운 모양도 없고 풍채도 없은즉 우리가 보기에 흠모할 만한 아름다운 것이 없도다 그는 멸시를 받아 사람들에게 버림 받았으며 간고를 많이 겪었으며 질고를 아는 자라 마치 사람들이 그에게서 얼굴을 가리는 것같이 멸시를 당하였고 우

리도 그를 귀히 여기지 아니하였도다 사 53:2,3

물론 이 구절이 예수님의 외모를 표현한 구절이라고만 볼 수는 없다. 그러나 예수님이 인간적인 매력이 넘쳐나는 외모의 소유자가 아니었음을 보여 주기에는 충분하다. 더군다나 예수님은 목수의 집안에서 출생했다. 예수님의 얼굴과 손은 막노동을 하는 거친 삶의 흔적으로 가득했을 것이다. 뿐만 아니다. 당시 천한 직업으로 여겨졌던 목수 집안 출신이니 예수님의 스펙은 보잘것없었다.

또한 예수님이 부르신 사도들을 보자. 베드로, 안드레, 야고보, 요한, 빌립은 갈릴리의 어부들이었다. 마태는 세리였으며, 셀롯이라 하는 시몬은 유대 독립 투쟁을 위한 과격한 열심당원이었다. 열두 사도들을 스펙으로만 놓고 본다면 요즘 일류 기업들의 입사 면접을 통과할 사람은 아마도 가룟 유다뿐이었을 것이다. 하나님께서는 우리에게 스펙이 화려한 삶보다는 스토리 있는 삶을 원하신다.

그렇다면 성경에서 말하는 '스토리가 있는 삶'이란 무엇일까? '하나님과 깊이 동행한 경험'을 의미한다. 하나님과 깊이 동행했던 시간, 하나님을 미친 듯이 사랑했던 그 마음, 그리고 하나님 나라를 위해 사용했던 물질의 이야기가 있는가? 그것이 바로 신앙의 스토리이다.

예수님의 십자가 우편에 있던 강도는 그야말로 땡잡은(?) 삶이었다. 평생 자기 멋대로 살다가 마지막에 예수 믿고 천국 갔으니 말이다. 그러나 그는 천국에서 가장 큰 후회와 아쉬움을 느꼈을 것이다. 그에게는 주님을 위해서 땀을 흘린 삶의 스토리가 없다. 나를 구원하신 예수님을 깊이 사랑했던 추억이 없다. 예수님과 깊이 동행했던 삶의 이야기가 없는 것이다.

반면, 사도 바울은 자기 몸에 '예수의 흔적'을 가졌다고 고백한다.

이 후로는 누구든지 나를 괴롭게 하지 말라 내가 내 몸에 예수의 흔적을 지니고 있노라 갈 6:17

'흔적'은 헬라어로 '스티그마'라고 하는데, '낙인'(烙印)이라는 의미이다. 가축이나 노예의 몸에 주인의 소유라는 것을 나타내 보이도록 찍은 화인(火印)이나 문신 등의 표식을 가리킨다.

사도 바울이 자신의 몸에 '예수의 흔적'이 새겨 있다고 한 것은 무슨 의미일까? 실제로 자신의 몸에 신앙을 상징하는 표식으로 문신을 새겨 넣었을 수도 있을 것이다. 그러나 그보다는 예수님을 사랑한 스토리가 자신의 삶에 가득하다는 것이 더 타당한 해석일 것이다. 고린도후서에는 사도 바울이 그동안 예수님을 어떻게 섬겼는지에 대한 고백이 나온다.

그들이 그리스도의 일꾼이냐 정신없는 말을 하거니와 나는 더욱 그러하도다 내가 수고를 넘치도록 하고 옥에 갇히기도 더 많이 하고 매도 수없이 맞고 여러 번 죽을 뻔하였으니 유대인들에게 사십에서 하나 감한 매를 다섯 번 맞았으며 세 번 태장으로 맞고 한 번 돌로 맞고 세 번 파선하고 일주야를 깊은 바다에서 지냈으며 여러 번 여행하면서 강의 위험과 강도의 위험과 동족의 위험과 이방인의 위험과 시내의 위험과 광야의 위험과 바다의 위험과 거짓 형제 중의 위험을 당하고 또 수고하며 애쓰고 여러 번 자지 못하고 주리며 목마르고 여러 번 굶고 춥고 헐벗었노라 고후 11:23-27

사도 바울의 몸에는 돌팔매질과 몽둥이로 맞은 흔적이 있다. 그 밖에 수많은 노고의 흔적들이 남아 있다. 바로 예수님을 사랑한 흔적이다. 사도 바울은 이 흔적들이 바로 예수님을 사랑한 자신의 스토리라고 했다. 사랑한다는 것은 그 사랑의 깊이만큼 흔적을 가지는 것이다.

행복한 노년이 무엇일까? 하나님을 깊이 사랑했던 스토리에 대한 추억이 많은 사람이 맞는 노년이다. 반면 가장 초라한 노년이 무엇일까? 하나님과 동행한 이야기는 하나 없고 전부 자신의 욕심을 좇아 살아온 사람이 맞이한 노년이다.

하나님과 동행하면 나의 역사는(history)는 하나님의 이야기(His Story)가 된다. 스펙이 초라하다고 기죽지 말아야 한다. 스토리가 스펙을 이긴다. 하나님의 이야기가 나의 이야기가 되는 삶. "하나님!" 하고 부르면 깊이 떠오르는 이야기가 있는 삶! 하나님과 깊이 동행했던 시간이 있는 삶, 하나님과 동행했던 물질, 하나님과 동행했던 열정의 이야기가 있는 삶. 이런 스토리가 스펙을 이긴다.

「승리하려면 맷집을 길러라」

기시미 이치로, 후미타케 | 미움받을 용기

─────── 우리는 누가 날 싫어한다는 것을 조금이라도 느끼면, 그때부터 마음의 평강을 잃어버리고 스트레스를 받는다. 날 좋아하는 사람이 여덟 명이 있고 날 싫어하는 사람이 둘 있으면, 날 좋아하는 여덟 명 때문에 감사하기보다는, 날 싫어하는 두 사람 때문에 괴로워하는 것이 우리의 모습이다.

현대 심리학의 두 대가(大家)가 있다. 지그문트 프로이드와 알프레드 아들러이다. 프로이드는 과거의 상처와 아픔인 '트라우마'를 말하면서 '원인론'을 주장한다. 과거의 아픔, 즉 트라우마가 원인이 되어 지금의 나를 형성하고 있다는 것이다. 그러나 아들러는 '목적론'을 주장한다. 즉 인간은 트라우마나 과거에 의해 인생이 좌우되지 않으며, 올바른 목적을 세움으로써 상처는 극복되고 변화될 수 있다는 것이다. 이런 면으로 볼 때, 아들러가 프로이드보다 더 성경적이라 할 수 있다.

일본 철학자 기시미 이치로와 작가 후미타케가 아들러의 심리학을 대화 형식으로 풀어낸 책, 《미움받을 용기》에 이런 구절이 나온다.

🔱

> 만약 내 앞에 '모두에게 사랑받는 인생'과 '나를 싫어하는 사람이 있는 인생'이 있고, 이 중 어느 한쪽을 선택해야 한다고 치세. 나라면 주저하지 않고 후자를 택할 걸세. 남에게 어떻게 보이느냐보다 내가 원하는 삶을 살고 싶으니까. 즉 자유롭게 살고 싶은 거지.[41]

아들러에 의하면, 인간의 고민은 거의 인간관계에서 비롯된다고 말한다. 모든 사람에게 좋은 사람이 되기를 원하는 사람은, 늘 타인의 시선 속에서 살기 때문에 자유가 없다는 것이다. 따라서 '미움받을 용기'를 가질 때 훨씬 더 자유로워지고 행복해진다고 권면한다.

현실을 직시하다

사실 그렇다. 모든 사람에게 사랑받고자 하는 '인정 중독' 때문에 자신의 삶을 잃어버리는 사람이 많다. 모든 사람에게 다 사랑받고 싶다? 참 좋은 소망이다. 이 꿈이 나쁜 것은 아니다. 가능하다면 이 꿈을 좇아야 한다. 그러나 모두에게 사랑받으려면 내가 없어져야 한다. 내 가슴은 까만 숯덩이가 되어야 한다. 그저 모든 사람의 입맛을 맞추려고 내 자신과 자유를 잃어버리는 것이다.

그리고 더 중요한 사실이 있다. 아무리 노력해도 모든 사람에게 사랑받을 수는 없다는 것이다. 내가 아무리 노력해도 둘은 날 싫어하고, 여섯은 관심이 없고, 둘은 나를 좋아한다. 우리 모두는 죄 성이 가득한 존재들이기 때문에 그렇다. 갈등이 없는 완벽한 관계? 트라우마가 한 조각도 없는 청명한 삶? 모두가 날 좋아하는 삶? 이것은 비현실적인 꿈이다.

주님은 요한복음 15장 9절에서 이렇게 말씀하셨다.

너희가 세상에 속하였으면 세상이 자기의 것을 사랑할 것이나 너희는 세상에 속한 자가 아니요 도리어 내가 너희를 세상에서 택하였기 때문에 세상이 너희를 미워하느니라 요 15:19

예수님과 제자들도 바리새인과 서기관 그리고 그들을 따르는 무리에게 미움을 받았다. 죄 많은 세상 속에서 하나님의 가치관으로 살았기에 그러하다. 예수님과 제자들도 그러한데, 모든 사람에게 사랑을 받고 싶다는 것은 안개 같은 꿈이자 또 하나의 교만이다.

어떤 말에 집중하고 있는가

예수님이 행하신 통쾌한 사건이 하나 있다. 예수님이 회당장의 딸을 살리실 때의 이야기이다. 사람들이 수근거렸다.

아직 예수께서 말씀하실 때에 회당장의 집에서 사람들이 와서 회당장에게 이르되 당신의 딸이 죽었나이다 어찌하여 선생을 더 괴롭게 하나이까 막 5:35

이때 예수님의 반응이 통쾌하다.

예수께서 그 하는 말을 곁에서 들으시고 회당장에게 이르시되 두려워하지 말고 믿기만 하라 하시고 막 5:36

이 구절을 NIV는 이렇게 번역했다.

"Ignoring what they said, Jesus told the synagogue ruler, 'Don't be afraid; just believe.'"

'Ignoring'(무시하다)에 주의해 보라. 직역하면 이러하다.

"예수님은 그들이 말하는 것에는 주의를 기울이지 않으시고."

사랑과 친절의 왕이신 예수님도 어떤 사람 어떤 말에 대해서는 무시(?)하고 주의를 기울이지 않으신 것이다.

다양성이 곧 정당성은 아니다. 지질한 말을 하면서도 이런 다양성이 있으니 경청하라는 말을 하는 사람을 보면 졸도하고 싶다. 그냥 넘어가야 할 말을 마음에 새기고, 깊이 경청해야 할 말을 무시해 버린다면 인생은 황무지가 된다.

'경청'(傾聽)은 핵심이 아니다. '어떤 말을 경청하는가?'가 핵심이다. 아담과 하와가 하나님의 말씀보다 사탄의 말을 더욱 경청하면서 죄가 시작되었다. 어떤 말을 경청하고, 어떤 말을 무시해야 하는가? 이 둘을 분별할 줄 아는 것이 지혜이다.

무시해도 될 말은 예의 있게 무시해야 한다. 사랑도 없고 교만한 사람이라고 질타 당할 수 있지 않겠냐는 염려를 하지 말라. 진리 안에 있는가? 그렇다면 비 진리를 무시할 수 있는 용기를 가져야 한다.

하나 더 생각해 보자. '무시'와 비슷한 말이 '거절'이다. 거절해야 할 때는 거절하는 용기가 있어야 한다. 거절은 "나는 당신이 싫습니다"가 아니다. 어떤 제안에 대한 자신의 입장이자 관점일 뿐이다. 거절하지 않아야만 좋은 사람인 것도 아니고, 거절한다고 나쁜 사람인 것도 아니다. 거절할 줄 아는 것은 남의 요구를 수락하는 것만큼이나 중요하다. 주변을 돌아보라. 거절을 못해서 끌려다니는 사람들이 수없이 많다.

이탈리아 속담에 "나의 거절은 너의 찬성만큼 좋은 것이다"라는 말이 있다. 거절은 당장 보기엔 다소 불편하고 껄끄럽다. 그러나 정당한 거절은 자신을 지키고, 사람 사이의 관계를 지키는 길이다. 그러기에 예의 있는 거절, 현명한 거절을 하는 사람은 야박한 사람이 아니라 지혜로운 사람이다.

둔감할 때는 둔감해야 한다

산다는 것은 맷집 싸움이다. 무시해야 할 때가 있고 거절해야 할 때도 있는데, 이렇게 살다보면 대인 관계 속에서 비난과 비판의 대상이 되기도 한다. 이때 맷집이 없으면 심한 우울증이나 대인 기피증에 빠지게 된다. 더군다나 현대 사회는 SNS를 통해 수없이 자기를 노출시킬 수밖에 없는 사회이다. 인간은 완벽한 존재가 아니고 더군다나 죄 성이 가득한 존재들이기에 내가 올린 글들 속에서 수많은 말실수를 한다. 이때 두 가지가 병행되어야 한다. 첫째는 철저하게 자기를 돌아보는 것이고, 둘째는 맷집이다. 댓글로 난타를 당하고, 말도 안 되는 언어폭력을 당하면 자아가 위축되고 심각한 후유증에 시달리게 된다. 이때 절대적으로 필요한 것이 맷집이다.

거인이나 대가들의 특징 중 하나는 '좋은 의미의 둔감력(鈍感力)'이 있다는 것이다. 그 많은 눈, 그 독한 입들을 견뎌내는 둔감력이 있어야 남 눈치를 보지 않고 하나님이 내게 주신 은사대로 살 수 있고, 잠도 잘 잔다. 뿐만 아니다. 예민하지 않기에 대인 관계도 좋아진다. 우직하고 둔감한 바보들이 역사를 변화시켜 간다.

보름달이 수만 년 동안 떠올랐다. 보름달이 떠오르면 늑대들은 어김없이 짖어댔다. 그러나 늑대들이 아무리 짖어대도 보름달은 그 둥그러움이 한 조각도 이그러진 적이 없다. 거인과 대가란 이와 같은 것이다.

너무 둥글둥글해서 자기가 없는 사람이 있고, 너무 모가 나서 자기만 있는 사람이 있다. 나는 육각형 같은 사람이 좋다. 원만하지만 자기 세계도 뚜렷한 사람 말이다. 예수님을 보라. 얼마나 둥글둥글하신가. 그는 어떤 부류도 다 포용하셨다. 그러나 또 다른 면으로는 단호하셨다. 아닌 것은 아니라고 하시며 무시하기도 하셨다.

가능하면 모든 사람과 더불어 화평해야 한다. 사랑하고 사랑받아야 한다. 그러나 예수님과 제자들이 그러했듯이 진리를 위해, 의를 위해 미움받을 용기를 가져야 한다. 맷집을 길러야 한다. 그래야 나도 살고 이웃도 살게 된다.

"행복해지려면 '미움받을 용기'도 있어야 하네. 그런 용기가 생겼을 때, 자네의 인간관계는 한순간에 달라질 걸세."[42]

풍차가
저기 있다.
돌진!

"저것 말입니까? 주인님, 저건 풍차예요, 풍차!" (중략)

"내 말에 토를 달지 마라, 종자야! 저놈들은 포악하디 포악한 거인 군대가 틀림없느니라. 무서워서 싸움에 나서지 못하겠다면, 여기서 기도나 하면서 기다려라."

이 황당한 상황에 놀라서 벌어진 입을 다물지 못하는 종자를 두고, 돈키호테는 풍차를 향해 빠르게 달려가며 천지가 쩌렁쩌렁 울리도록 고함을 질렀다.

"자, 악당들아! 어서 싸울 태세를 갖추어라! 내 비록 혈혈단신이지만, 나에게는 천 명의 적과도 맞붙어 싸울 수 있는 용기가 있다!"

돈키호테는 어금니를 악물고 창을 겨누며 맨 앞에 서 있는 풍차

를 향해 곧장 돌진했다. [43]

세르반테스의 〈돈키호테〉 중에 나오는 구절이다. 1993년 노벨연구소에서 역사상 최고의 문학작품으로 세르반테스의 〈돈키호테〉를 선정했다. 2002년 살만 루시디, 노먼 메일러 등 세계 최고의 유명 작가 100명이 선택한 세계 최고의 작품도 돈키호테였다. 기라성 같은 셰익스피어, 톨스토이, 도스토예프스키 등의 글을 제치고 말이다.

아니, 〈돈키호테〉가 최고의 작품이라니! 어린 시절 읽었던 돈키호테는 그저 핀이 어긋나고 일탈을 꿈꾸는 무모한 꼴통이었다. 배울 점이 있다면 그저 순진하고 용감한 용사라는 점? 한마디로 웃음거리였는데….

순수를 추구한 미치광이

스페인의 시골 향사(鄕士) 알폰소 키하노는 경작지를 다 팔아가며 자신의 서가를 중세의 기사 소설들로 채우고 밤낮으로 읽는다. 그 결과 정신이 살짝 빗나가 자신이 직접 나라를 위해 봉사하고 자신의 명예를 세우기 위한 방랑 기사의 길을 떠나기로 결심한다. 기사로서의 이름을 스스로 '돈키호테'라고 지은 그는 사라진 전설의 기사들을 모델로 해서 기사도를 복원하고자 했다. 여자와 미망인들을 보호하고, 불쌍하고 가난한 고아들을 구제하는 일이다.

방랑기사로 나선 돈키호테는 풍차를 거인으로 알고 돌진하는가 하면, 시골 이발사의 세숫대야를 전설적인 맘브리노의 투구로 오인한다. 또한 여관을 성으로 착각하고, 여관 주인에게 기사 작위를 받은 엉터리 기사였다. 하지만 그는 자신이 생각하는 정의를 위해 몸을 아끼지 않았고, 불의라 여겨졌을 때 주저하지 않고 정의의 칼을 뽑아 들었다. 그는 당시 볼 수 없었던 진정한 기사였다.

이렇듯 돈키호테의 이야기 속에는 우리가 잊고 살았던, 묻어 두었던, 그러나 꼭 회복해야 하는 우리의 순수, 인간의 참 모습이 들어 있다. 〈돈키호테〉에는 세상과 순수 사이의 '어긋남', 세상은 세상의 뜻대로 가는데 세상을 거슬러 순수를 추구하면 미치광이로 취급받을 수밖에 없는 '빗나감'이 있다.

돈키호테가 마지막 모험에서 돌아와 제정신이 들어 임종한 후 그의 묘지에는 다음과 같은 묘비명이 새겨졌다.

"광인으로 살다가 제정신으로 죽은 사람."

돈키호테가 미친 사람일까? 아니면 세상이 미쳤는가?

하나님이 찾으시는 광인

예수님도 한때 미쳤다는 소리를 들으셨다. 예수님의 친족들이 예수님이 미친 줄 알고 붙잡으러 왔을 정도였다.

예수의 친족들이 듣고 그를 붙들러 나오니 이는 그가 미쳤다 함일러라 막 3:21

그중에 많은 사람이 말하되 그가 귀신 들려 미쳤거늘 어찌하여 그 말을 듣느냐 하며 요 10:20

신약성경을 보면, 돈키호테처럼 미친 사람으로 취급당했으나 진정한 하나님의 기사였던 사람이 나온다. 사도 바울이다. 선교를 하던 사도 바울과 그 일행들을 보고 세상 사람들은 '천하를 어지럽게 하는 사람들'이라고 했다. 뿐만 아니다. 사도 바울을 재판하던 베스도 총독은 바울을 향해 이렇게 외쳤다.

바울이 이같이 변명하매 베스도가 크게 소리 내어 이르되 바울아 네가 미쳤도다 네 많은 학문이 너를 미치게 한다 하니

행 26:24

사도 바울은 아그립바 왕과 베스도 총독 앞에 죄수의 신분으로 서 있다. 이런 경우에는 자신을 변호하거나 선처를 호소하는 것이 상례이다. 그러나 바울은 이를 예수 그리스도의 십자가와 부활을 증거하는 기회로 삼았다. 그리하여 자신의 과거사부터 예수 그리스도를 믿게 된 동기까지 깊은 간증을 한다(행 26:3-23). 바울의 간증을 듣던 베스도 총독이 전에 알았던 바울과 너

무 다른 것에 놀라며 외친 것이다.

"바울아, 네가 미쳤도다."

믿음이 없는 세상 사람들의 눈에는, 자신의 모든 기득권을 내려놓고 목숨까지 걸고 전도하고 선교하는 사도 바울이 미친 사람처럼 보일 뿐이었다. '자유'를 외치는 헬라 문화 속에서 자신을 그리스도의 '종'이라고 하니, 더더욱 미친 사람처럼 보였다.

비단 사도 바울뿐만이 아니다. 세상 사람들은 진실한 믿음으로 살았던 사람들을 이해하지 못했다. 미친 사람 내지는 바보로 취급했다.

노아의 경우를 보자. 그는 한 번도 들은 적이 없고, 본 적도 없는 홍수 심판에 대해 경고를 받았다. 그러고는 하나님의 명령에 따라 묵묵히 구원의 방주를 지으며 하나님의 심판에 대해 전한다. 해변도 아닌 곳에서, 그것도 엄청난 홍수 심판이 임한다면서 방주를 짓는 노아를 당시 사람들은 미친 사람 취급했을 것이다.

드디어 방주가 완성되었다. 그러나 사람들은 여전히 세속에 젖어 먹고 마시며 비틀거렸다. 노아가 방주에 들어가고 방주의 문이 닫히자, 하나님은 하늘 문을 여시며 엄청난 비를 쏟으셨다. 노아가 미친 것이 아니라 세상 사람들이 미쳤던 것이다.

이스라엘 백성은 호세아 선지자 또한 바보로 취급했다. 당시는 이스라엘이 큰 경제적 호황을 누리고 있었다. 그런데 호세아는 곧 망할 것이라고 예언하고 있으니 미쳤다고 할 수밖에. 더군다나 집을 나가 바람피우다 노예 시장에 팔려간 여자를 다시 돈을 주고 사왔다. 그러면서 사랑하는 아내라고 말하다니, 우리를 향한 하나님의 미친 사랑을 미친 삶으로 보여 주니 미친 사람 취급한 것이 당연한 것처럼 보인다.

하나님이 우리에게 원하시는 것이 있다. 그것은 우리가 이 세상에서 빛과 소금의 역할을 해서 세상을 이끌어가는 것이다. 하나님이 가장 싫어하시는 것이 있다. 그것은 그리스도인이 세속화되어 세상의 종이 되어 끌려다니는 것이다. 죄로 인해 어긋나고 빗나간 세상 속에서 미친 사람 취급을 당하더라도 주님의 길을 꿋꿋하게 가는 광인(狂人)! 하나님은 그런 광인을 찾으신다.

"광인은 예수 때문에 미치고(狂人), 예수 때문에 빛난다(光人)."[44]

누가 뭐래도 자신이 기사라는 사실을 의심하지 않고, 자신이 탄 늙은 말을 최고의 명마로 믿으며, 허름한 연장을 최고의 무기로 여기고, 풍차를 보고도 용감하게 달려가는 실천력!

아직도 꿈만 꾸는 사람, 때를 얻지 못했다고 늘 재는 사람, 원래 가진 게 없어 이러고 있다는 사람, 나를 알아주는 이가 없어 이러고 있다는 사람, 특히나 눈에 보이는 전도 대상자를 보고도 이 핑계 저 핑계 대며 전도하지 않고 생활의 멍에 속에서만 허우적거리는 사람.

이들에게 400년 전, 녹슨 갑옷을 입고, 늙고 말라빠진 말을 타고서 정의를 위해 칼을 들었던 엉터리 기사 돈키호테가 한 방펀치를 날린다.

"무엇 하는 거야? 풍차가 눈앞에 있잖아! 시작하란 말이야. 돌진! 저스트 두잇!(Just do it!)"

너는 말씀을 전파하라 때를 얻든지 못 얻든지 항상 힘쓰라

딤후 4:2

「약점 보완은 50점, 강점 집중은 100점」

마커스 버킹엄, 도널드 클리프턴 |

위대한 나의 발견 강점혁명

버핏을 특별하게 만드는 것은 바로 이런 독특한 행동 방식이다. 먼저 그는 자신에게 맞는 방식이 무엇인지 정확하게 찾아냈다. (중략) 그는 자신의 약점을 보완하는 데에 모든 노력을 집중하지 않았다. 오히려 완전히 정반대로 했다. 그는 자신의 타고난 재능을 알아내고 학습과 경험을 통해 더욱 단련시킴으로써 지금의 탁월한 강점들로 형상화했다.[45]

갤럽 리더십연구소의 선임 강사이며 세계적인 컨설턴트인 마커스 버킹엄과 강점 심리학의 아버지로 불리는 도널드 클리프턴이 함께 쓴《위대한 나의 발견 강점혁명》에 나오는 구절이다.

이들은 약점이 아닌 강점에 초점을 맞추라고 권면한다. 그러면서 버킹엄은 자신이 주도했던 갤럽 조사 프로젝트의 결과를 보여 주었다. 갤럽에서 지난 20여 년간 200만 명 이상을 인터뷰하고 연구한 결과, 승리한 사람들은 모두 약점의 지배에서 벗어나 강점을 발견하는 데 자신의 많은 에너지를 쏟았다는 것이다. 그들은 자신의 약점을 고치기 위해 20퍼센트 정도 노력하고, 나머지 80퍼센트는 장점을 강화하는 일에 사용했다고 한다. 한마디로 승리는 약점의 보완이 아닌, 강점의 강화에서 나온다는 것이다.

사람마다 약점과 강점이 있다. 흔히들 약점일지라도 노력하면 극복할 수 있다고 믿는데, 이것은 이미 금이 간 벽을 벽지로 가리는 헛수고라고 지적한다. 다시 말해 약점을 장점화하는 데 힘을 쏟지 말고, 강점에 더욱 집중하라는 것이다.

현대 경영학의 아버지라 일컬어지는 피터 드러커 교수도 이런 말을 했다.

만일 사람들의 강점이 아닌 약점에 초점을 맞추는 사람이라면 그는 결코 경영자의 역할을 맡아서는 안 된다. 사람들이 할 수 없는 것을 정확하게 알지만 그들이 할 수 있는 것은 전혀 보지 못하는 사람은 조직의 정신을 훼손시킨다.[46]

드러커 교수는 약점을 끌어올려 평균 수준으로 만드는 것보다 보통 수준에 머물러 있는 강점을 끌어올려 탁월한 수준으로 만드는 것이 더 쉽고 효율적이라는 사실을 역설한다. 따라서 리더의 역할은 조직의 강점을 정렬함으로써 결국 조직의 약점들이 중요하지 않게 만드는 것이라고 했다. 자신을 경영하고 다른 사람을 경영하는 가장 중요한 원리는 강점에 집중하는 것이라는 선언이다.

강점으로 일하고 약점으로 배우다

마이크로 소프트사의 창업주인 빌 게이츠에게도 약점이 있었다. 그는 혁신적인 발상을 하고, 소비자의 관점에서 좋은 소프트웨어를 개발하는 데는 천재적이었다. 그러나 법적, 상업적 공격에 대응하는 능력은 뛰어나지 않았다. 그래서 그는 스티브 발머를 경영 파트너로 선택하고, 자신은 자신의 강점인 소프트웨어 개발에 집중해 승리했다.

세계 최고의 투자 왕 워렌 버핏의 승리 비결도 약점 보완이 아닌 강점 강화였다. 느긋한 성격을 가진 그는 이 성품을 십분 발휘했다. 그는 자신의 이 느긋한 성품을 그 유명한 '20년 전망'(twenty-year perspective)에 적용해 20년 동안 어느 정도 확신을 가지고 예측할 수 있는 회사에 투자해 성공했다.

'자포자기'라는 말이 있다. 우리는 이 말을 이렇게 패러디해 해석할 수도 있다.

"자기의 강점은 포기하고, 자기의 약점 때문에 기죽어 지내는 사람!"

자포자기하면 안 된다. 강점 강화가 오히려 약점을 줄일 수 있는 방법이다. 하나님은 강점으로 일하고, 약점으로 겸손을 배우라고 권면하신다. '강점'이라는 말과 가장 비슷한 신앙 용어는 '재능'과 '은사'이다. 성도는 재능대로, 은사대로 일해야 열매를 맺는다. 그리고 약점을 통해 겸손을 배우고, 이웃과 동역하는 법을 배우게 된다. 하나님은 우리에게 각자 다른 재능, 다른 은사를 주셨다고 말씀하신다.

우리에게 주신 은혜대로 받은 은사가 각각 다르니 혹 예언이면 믿음의 분수대로, 혹 섬기는 일이면 섬기는 일로, 혹 가르치는 자면 가르치는 일로, 혹 위로하는 자면 위로하는 일로, 구제하는 자는 성실함으로, 다스리는 자는 부지런함으로, 긍휼을 베푸는 자는 즐거움으로 할 것이니라 롬 12:6-8

뿐만 아니다. 이른바 달란트 비유에서도 이 진리가 더욱 분명하게 드러난다.

또 어떤 사람이 타국에 갈 때 그 종들을 불러 자기 소유를 맡김과 같으니 각각 그 재능대로 한 사람에게는 금 다섯 달란트를, 한 사람에게는 두 달란트를, 한 사람에게는 한 달란트를 주고

떠났더니 마 25:14,15

이 비유 속에서 주인은 종들에게 각각 그 재능대로 달란트를 맡겼다. 예외 없이 누구에게나 그 능력대로 달란트를 맡겼다. 하나님은 성도 누구에게나 은사 강점을 주셨다. 없는 것을 탓하지 말고 하나님이 주신 것을 가지고 집중하면 능력이 나타난다. 신앙이 깊어지면 자신의 강점 은사를 발견하게 되고 그곳에 집중한다. 반면 믿음이 약한 사람은 자신의 약점에 집중한다. 자신의 약점을 늘 마음에 두고 그것을 들키지 않도록 노력하면서 늘 방어적인 삶을 산다.

피터 드러커 교수의 말을 다시 들어 보자.

🔺

대부분의 사람들이 자신이 '잘하는 것'이 무엇인지에 대해 알고 있다고 생각한다. 그러나 그들 대부분은 잘못 생각하고 있다. 사람들은 자신이 '잘하지 못하는 것'을 더 잘 알고 있다. 심지어는 그 점에 있어서도 제대로 아는 경우보다는 잘못 아는 경우가 더 많다. [47]

있는 것보다 없는 것에 집중하며 불평하는 삶, 잘하는 것보다 잘하지 못하는 것에 집중하는 삶이 가장 어리석은 삶이다.

주어진 것이 최선의 것이다

그렇다면 하나님이 주신 나의 은사와 재능을 어떻게 알 수 있을까? 이에 대해서 많은 전문서적들이 나와 있지만 '다중지능이론' 또한 좋은 가이드를 제시한다.

하버드 대학의 교육심리학과 교수였던 하워드 가드너 박사는 '다중지능이론'을 주장했다. 우리는 흔히 지능을 IQ로만 알고 있는데, 다중지능이론에 의하면 사람 속에는 여러 종류의 지능이 존재한다. 곧 언어 지능, 논리-수학적 지능, 공간 지능, 신체-운동적 지능, 음악 지능, 대인 관계 지능, 자기 성찰 지능, 자연 친화 지능 등이 그것이다. 성공한 사람은 이러한 다중지능 가운데 자신이 높은 지능에 집중한 사람이다. 우리의 문제는 어떤 지능이 낮아서가 아니라 높은 지능을 살리지 못한 데 있다.

톰 행크스가 주인공을 맡아 열연한 영화, 〈포레스트 검프〉는 아직도 따뜻하게 우리의 가슴에 남아 있다. 주인공 포레스트 검프는 IQ가 75 정도의 지적 능력이 좀 떨어지는 사람이다. 다리까지 불편하다. 잘 배우지도 못했고, 가정 형편도 불우했다. 그는 어느 날 자신을 괴롭히는 아이들을 만났다. 그러자 여자 친구 제니는 이렇게 외쳤다.

"포레스트, 뛰어. 무조건 뛰어!"

제니의 말을 잘 따랐던 포레스트는 자신이 달릴 수 없는 사람이라는 것을 잊고 무작정 뛰기 시작한다. 그러다 자신이 빨리 달릴 수 있다는 사실을 알게 되었다. 그 후 그는 자신이 잘 할 수 있는 것 한 가지에 집중했다. 그는 뛰고 뛰었다!

어느 날 자기 앞에 날아온 미식축구 공을 붙잡고 뛰고 뛰어 터치다운을 한 것을 계기로 미식축구 선수로 고등학교에 가게 되었다. 급기야 미식축구로 대학까지 가서 최고의 선수상을 받는다. 뿐만 아니다. 베트남 전에 참전해서 폭격 맞은 전우를 빠른 걸음으로 구해 국가 훈장을 받는 영웅이 되었다. 그가 잘할 수 있는 것은 달리기! 그는 그것에 집중해 승리한 것이다.

젓가락 하나를 가지고도 세숫대야 물을 넘치게 할 수 있다. 한 방향으로 죽어라 하고 계속 젓는 것이다. 굼벵이도 구르는 재주가 있다. 굼벵이의 경우 그저 구르고 구르면 된다.

우리는 종종 새롭고 신비한 힘을 구한다. 그러나 하나님께서는 이미 우리에게 많은 은사를 부어주셨다. 예배를 통해 그리고 신실한 삶을 통해 하나님이 주신 은사, 강점을 발견해야 한다. 그리고 그것에 집중해야 한다. 자신의 강점은 포기하고 약점 때문에 기죽어 사는, 자포자기의 인생을 살아서는 안 된다.

하나님은 물고기에게 새처럼 날아오르라고 하지 않으신다. 새에게 바다에 들어가 헤엄치라고 하지도 않으신다. 마찬가지로 하나님은 우리가 잘할 수 없는 일을 강요하지 않으신다. 하나님은 우리에게 특별한 강점을 주셨고, 그 강점 안에서 하나님이 맡기신 사명을 이루길 원하신다. 약점을 보완하는 데 집중하면 50점, 강점에 집중하는 삶을 살면 100점이다.

직선보다
곡선이
넉넉하니

이준관 | 구부러진 길

나는 구부러진 길이 좋다.

구부러진 길을 가면

나비의 밥그릇 같은 민들레를 만날 수 있고,

감자를 심는 사람을 만날 수 있다.

날이 저물면 울타리 너머로 밥 먹으라고 부르는

어머니의 목소리도 들을 수 있다.

구부러진 하천에 물고기가 많이 모여 살듯이

들꽃도 많이 피고 별도 많이 뜨는 구부러진 길.

구부러진 길은 산을 품고 마을을 품고

구불구불 간다.

그 구부러진 길처럼 살아온 사람이 나는 또한 좋다.

반듯한 길 쉽게 살아온 사람보다
흙투성이 감자처럼 울퉁불퉁 살아온 사람의
구불구불 구부러진 삶이 좋다.
구부러진 주름살에 가족을 품고 이웃을 품고 가는
구부러진 길 같은 사람이 좋다.

이준관의 시 〈구부러진 길〉이다. 이 시를 읽노라면 구불구불한 에움길이 있는 넉넉한 풍경이 떠오른다. 시인의 고백처럼 아름다운 것은 곡선이다. 올곧게 뻗은 나무들보다는 휘어 자란 나무가 더 멋스럽다. 곧은 나무의 그림자보다는 굽은 나무의 그림자가 더 사랑스럽다. 새들도 곧은 가지보다 굽은 가지에 더 많이 날아와 앉고, 함박눈도 굽은 나무에 더 많이 쌓인다.

비단 나무뿐만이 아니다. 똑바로 흘러가는 물줄기보다는 굽이굽이 휘어진 강줄기가 더 정겹다. 길도 그렇다. 미끈하게 일직선으로 뚫린 길보다는 산 따라 물 따라 구불구불 가는 길이 더 눈물 나게 아름답다. 직선으로 나는 새는 총으로 쏘아 떨어뜨리기 쉽지만, 곡선으로 나는 새는 겨누기조차 어렵다.

사람도 그렇다. 둥글둥글한 사람, 넉넉한 사람이 좋다. 어머님의 얼굴을 보면, 그 짙은 주름이 어머님이 살아오신 생의 길 같다. 누군들 직선으로 반듯하게 펴고 싶지 않았겠는가. 그러나 이리저리 치이다보니 이리 구부러지고 저리 구부러졌다. 그 구불구불한 주름 길이 우리를 살려 왔던 것이다.

우리는 모두 은혜로 사는 인생

미우라 아야꼬가 지은 〈빙점〉의 주인공 요오꼬는 자신이 복수 때문에 입양된 사생아라는 사실을 알게 되고는 삶의 의욕을 잃는다. 자신의 친아버지가 자기를 이제껏 길러준 양부모의 딸을 죽인 살인자였다는 기막힌 사연. 이것을 알게 된 양어머니가 자기를 죽도록 미워하고, 그로 인해 풋사랑도 좌절되었다.

여러 낙심 후에 요오꼬는 스스로 목숨을 끊으려 눈 덮인 언덕길을 오르게 된다. 한참을 가다가 문득 뒤를 돌아보니 자신이 걸어온 발자국이 보였다. 그 발자국들은 비틀거리며 흐트러져 있었다.

"아! 이것이 내 발자국인가? 나는 똑바로 걸었다고 생각했는데…."

요오꼬는 비틀거린 발자국을 보면서 인생을 똑바로, 올곧게 산다는 것이 얼마나 어려운가를 깨닫게 된다. 그러고는 자신을 미워하는 사람들 또한 이해할 수 있게 된다.

그렇다. 어느 누구나 자신이 걸어온 발자국을 보면 비틀거리며 흐트러져 있을 것이다. 이 사실을 인정한다면 휘청거리고 있는 사람들을 쉽게 정죄하지 못할 것이다. 주님은 "의인은 하나도 없다"라고 하셨다. "들키지 말라"라는 제11계명(?)을 잘 지켰을 뿐이지 하나님 보시기에 올곧은 의인은 하나도 없다. 모두 주님의 은혜로 살아가는 것이다. 그래서 똑바른 척, 자신만은 직선인 척 하며 사는 사람은 왠지 정이 가질 않는다.

사람의 말(言)도 그렇다. 건축에도 직선과 곡선이 있듯이, 말에도 돌직구 같은 직선의 말이 있고, 에둘러 말하는 곡선 같은 말이 있다. 직선으로 말하는 것이 속 시원하지만, 에둘러 말할 수밖에 없는 것이 있고, 그 은유(隱喩)를 이해할 수 있는 것이 인간이다.

윷판에서 윷말을 쓰는 것과 삶의 방식은 닮은 데가 있다. 때로는 최단 코스로 갈 수 있는 길을 에둘러 돌아가야 하는 것처럼, 삶에서도 돌아가야 하는 길이 있고, 돌아가야 하는 말이 있다. 인간에게는 너무나 깊은 죄 성이 있어서 진실을 감당하기엔 벅찬 경우가 많다. 너무 밝은 진실은 너무 눈부시기에 넌지시 보여 줘야 할 경우가 많다. 태양을 똑바로 볼 수 없듯이 진실도 에둘러서 비스듬히 말해야 하는 경우가 있다.

예수님은 현장에서 잡혀온 간음한 여인에게 첫 대화부터 돌직구를 날리지 않으셨다. 그를 사랑하고 있음을 충분히 보여 준 다음 말씀하셨다.

예수께서 이르시되 나도 너를 정죄하지 아니하노니 가서 다시는 죄를 범하지 말라 하시니라 요 8:11

예수님은 이렇듯 곡선의 대가셨다.

쉬운 사람이 착한 사람은 아니다

그러나 '착한 사람'과 '쉬운 사람'은 다르다. 착한 사람은 굽이굽이 곡선이 넉넉하지만 심지가 있는 사람이고, 쉬운 사람은 곡선은 있지만 심지가 없는 사람이다. '모나리자의 덫'이란 말이 있다. 여자 스스로 파 놓은 함정을 의미하는데, 늘 미소 짓고 있는 모나리자처럼 쉬운 여자가 되지 말라는 의미이다.

《논어》(論語)의 '자로'(子路)편 23조에는 이런 구절이 나온다.

"군자화이부동(君子和而不同), 소인동이불화(小人同而不和)"

'군자는 어울리되 동화되지 않고, 소인은 쉽게 동화되면서도 화합하지 않는다'라는 뜻이다. 착한 사람은 자기중심이 있으면서도 이웃과 어울릴 줄 아는 사람이고, 쉬운 사람은 쉽게 홀리면서도 이웃과는 어울리지 못하는 사람이다.

성도 중에도 착한 성도가 있고 쉬운 성도가 있다. 착한 성도는, 신앙의 중심이 있으면서도 여러 사람에게 여러 모양이 되어 예수님을 전하는 사람이다. 쉬운 성도는, 신앙의 중심도 없으면서 이단 사설에 쉽게 무너지고 성도들과는 사랑의 교제도 못하는 사람이다. 구불구불한 것이 다 좋은 것이 아니다. 심지가 있어야 한다.

노자(老子)는 《도덕경》 41장에서 '대방무우'(大方無隅)라 했다. "큰 네모는 각이 없다"라는 의미이다. 큰 사람은 각이 있어 쉽사리 흔들리지 않는 것 같은데, 자세히 보면 각이 없고 둥글기 그지없다. 둥글지만 중심이 있는 사람이다.

성경에 나오는 둥근 이야기를 좀 더 해보자. 마태, 마가, 누가 복음에는 모두 '씨 뿌리는 비유'가 나온다. 그중 누가복음에는 독특한 표현이 하나 있다.

더러는 바위 위에 떨어지매 싹이 났다가 습기가 없으므로 말랐고 눅 8:6

바위에 떨어진 씨는 습기가 없어 마른다. 식물이 자라는 절대 조건은 습기이다. 흙이 없어도 수경재배를 할 수 있다. 그러나 물이 없으면 죽는다. 살리는 것은 습기에 있다. 사람에게도 습기가 필요하다. 사람은 비판과 지적을 통해서가 아니라 울어주는 사람을 통해서 변화된다. 정감 어린 곡선의 눈이 찡그린 세모꼴의 눈을 치유한다. 사회가 메말라가는 것은 비판의 부족이 아니라 습기 부족 때문이다. 가슴으로부터 나오는 사랑의 부족 때문이다.

작고하신 소설가 박완서 님의 묵상집 중에 《옳고도 아름다운 당신》이라는 책이 있다. 그 제목이 참 좋다. 옳으면서도 아름다운 당신, 옳으면서도 좋은 당신 말이다. 옳지도 않고 아름답지도 않은 사람은 논외(論外)이고, 옳지만 싫은 사람이 있다. 옳은 듯하지만 그의 마음에 둥근 사랑과 긍휼이 없을 때 그러하다.

가슴 속에 뜨거운 불이 있는 사람이 역사를 변화시킨다. 그런데 이런 부류의 사람은 오직 목표를 향해 돌진하기에 주변 사람들을 다 태워 재를 만들어 버리는 경향이 있다. 전우의 시체를 넘고 넘어 앞으로 앞으로 가서 깃발을 꽂았지만 숯덩이같이 까맣게 타버린 승리이다. '뜨거움'은 있으되 '따뜻함'이 없는 경우이다.

진정한 열정(熱情)은 열(熱)의 뜨거운 기운에 정(情)의 따뜻한 마음이 더해진 에너지이다. 그래서 진짜 열정적인 사람은 뜨거움과 따뜻함이라는 두 가지 체온을 함께 가지고 있다. 정(情)이 바로 습기이고 둥근 것이다.

줏대 있는 사랑

이 두 가지를 다 포용하며 복음을 전하려 했던 대표적인 사람이 바로 사도 바울이다. 바울에게는 영혼을 향한 안타까운 눈물이 있었다. 어떻게 하든 영혼을 주께로 인도하고 싶었다. 그래서 그는 자기 자신을 둥글게 만들었다.

약한 자들에게 내가 약한 자와 같이 된 것은 약한 자들을 얻고자 함이요 내가 여러 사람에게 여러 모습이 된 것은 아무쪼록 몇 사람이라도 구원하고자 함이니 고전 9:22

사도 바울의 이 구불구불한 고백이 눈물겹다. 바울은 주님을 사랑할수록 넉넉한 사람이 되었다. 여러 사람에게 여러 모양이 되었다. 유대인에게는 유대인같이, 율법 없는 자에게는 율법 없는 자같이, 약한 자에게는 약한 자같이 되었다. 이 구부러짐을 통해서 많은 사람을 주께로 인도했다. 그러면서도 중심을 잃지 않았다.

'무데뽀'라는 시쳇말이 있다. 이 말은 '시비나 결과를 고려하지 않고 거침없이 행동하는 것'을 의미하는 한자, '무수법'(無手法)이라는 일본어에서 나온 말이다. 무수법은 총이 없다는 무철포(無鐵砲)의 음편화 현상으로, 일본 나가시노 전투에서 유래되었다.

나가시노 전투는 1575년 오다 노부나가와 도쿠가와 이에야스의 연합군과 다케다 신겐 부대의 전투이다. 칼을 든 다케다 신겐의 기마 군단은 총을 든 오다와 도쿠가와의 연합군에게 거침없이 달려들었다. 당시 오다군은 약 3,000정의 철포대(鐵砲隊)를 달려드는 다케다군의 기마 군단을 향해 약 4킬로미터에 걸쳐 3열로 나란히 서게 해 조총으로 격퇴했다.

당시 다케다군 지휘부는 총의 위력을 의식하지 못한 채 1진이 전멸하자 2진, 3진을 계속 진격시켜 부대가 거의 궤멸될 때까지 공격을 멈추지 않았다. 최강 기마 군단이라는 기존의 사고틀을 가진 다케다군은 칼에서 총으로의 패러다임 변화를 인식하지 못한 채 그저 무모한 죽음을 자초한 것이다. 이게 무데뽀이다. 이들이 곡선의 미학을 알았더라면 그렇게 무모한 희생을 하지는 않았을 것이다.

이 세상에서 가장 불쌍한 사람이 있다면, 변해야 할 것이 변하지 않는 무데뽀 같은 사람이다. 또한 변하지 말아야 할 것이 쉽게 변해가는 사람이다.

사도 바울은 그리스도를 향한 뜨거운 사랑, 복음 전도의 본질을 늘 푸르게 유지했다. 그러나 많은 사람들에게 복을 전하기 위해 자기 자신을 수없이 변화시키는 유연성이 있었다.

중심을 잃지 않는 멋진 구부러짐! 우리가 사모해야 할 넉넉한 영성이다.

「잊을 수 있음의 은혜」

임희택 | 망각의 즐거움

우리 몸이 건강하기 위해서는 영양가 있고 몸에 좋은 음식을 먹는 것이 중요한 게 아니라, 절제하고 적게 먹는 것이 중요한 것처럼 생각도 적게 하는 것이 건강을 유지하는 데 필수적이다. 남아도는 영양성분이 비만과 생활 습관병을 일으키듯, 필요 이상의 생각은 스트레스의 주범이 되었던 것이다. 그래서 알게 된 두 번째 사실은 잊어버린다는 것이 기억하는 능력보다 인간에게 더 중요하다는 것이다. (중략) 쌓아둔 물건은 쓰레기가 되듯이 쌓아둔 생각들도 부패하며 독소를 만든다.[48]

망각이라는 해독제가 없었더라면 인류는 죽음을 비롯해 여러 정신병과 질환들, 이상행동과 성격장애로 사이코 집단의 슬픈 결말

이 되거나 멸종되었을 것이다.[49]

　임희택이 쓴 《망각의 즐거움》 중에 나오는 구절이다. 하나님이 우리에게 준 놀라운 선물 중 하나는 '망각'이다. 아프고 쓰린 기억들을 전부 기억하며 산다면 얼마나 끔찍할까? 망각의 선물이 없었다면 우린 벌써 미쳐 버렸을 것이다. 망각의 복이 없다면 여자는 출산의 고통 때문에 아이를 하나만 낳고 말 것이다.

　기억 연구의 대가인 독일의 심리학자 헤르만 에빙하우스의 유명한 '망각 곡선'(Forgetting Curve)에 의하면, 인간이 학습을 한 지 10분 후부터 망각이 시작된다고 한다. 1시간 뒤에는 50퍼센트, 하루 뒤에는 70퍼센트, 그리고 한 달 뒤에는 80퍼센트를 망각하게 된다고 한다. 이것이 복이다.

잊을 것은 잊고 살아야 즐겁다

　모든 만물은 빛이 필요하고, 동시에 어둠이 필요하다. 마찬가지로 기억이 필요하고 망각이 필요하다. 달려가는 힘뿐 아니라 멈추는 힘이 필요하다. 예리한 칼에게는 건실한 칼집이 필요하듯, 기억하는 힘 못지않게 중요한 것이 망각하는 힘이다. 아니, 어찌 보면 기억하는 힘보다 망각하는 힘이 더욱 중요하다. 무엇을 기억하는 데서 오는 건강한 에너지보다는, 망각하지 못하는 데서 오는 파괴적 에너지가 더욱 크기에 그렇다.

새가 날지 못하는 경우는 두 가지다. 상처 입은 새는 날지 못한다(과거의 상처), 나뭇가지에 매여 있는 새도 날지 못한다(과거 성공에의 집착). 새가 다시 날기 위해서는 과거의 상처도 과거의 성공도 다 잊어야 한다. 기억 없이도 행복할 수 있다. 그러나 망각 없이는 결코 행복할 수 없다.

전통적인 서양 철학에서는 기억 능력을 중요하게 여겼다. 이는 '진리'라는 말의 어원을 보아도 알 수 있다. 진리를 나타내는 고대 그리스어 '아레테이아'(aletheia)는 부정어인 '아'(a)와 망각의 강을 뜻하는 '레테'(lethe)가 결합된 단어다. 진리란 망각의 강인 레테의 강을 거슬러 가는 운동, 즉 '기억'이라는 의미이다. 비단 서양적 전통뿐 아니라 우리도 기억이 곧 힘이고 능력이라고 배워 왔다. 국어 문법, 수학 공식, 외국어 단어 등을 배우고 그것을 잘 기억해야만 좋은 성적을 낼 수 있다.

그러나 기억만이 진리가 아니다. 망각 또한 진리이다. 그런데 망각은 사실 양날의 칼과 같다. 기억해야 할 것을 망각하고, 망각해야 할 것은 가슴에 새겨 기억한다면 비극이다. 내가 죄인이었다는 것을 망각해서는 안 된다. 이 죄인을 구원해 주신 하나님의 은혜를 망각하면 안 된다. 또한 주께서 내게 주신 사명을 망각해서는 안 된다. 이런 종류의 망각은 '존재의 죽음'을 의미한다.

그러나 잊고 떨구어야 할 것은 잊어야 한다. 사람은 하루에 5-6만 가지의 생각을 한다고 한다. 그야말로 오만가지 생각을 하는 것이다. 이 가운데 95퍼센트는 어제 했던 부정적인 생각의 반복이다. 이 생각들을 망각하지 않는다면 우리는 아마 정신병자가 될 것이다.

우리는 천재들의 기억력을 부러워한다. 특히 오늘날 같은 정보화 시대에는 많이 기억하는 자가 능력자로 보인다. 그래서 망각을 퇴보라고 여긴다. 그러나 그렇지 않다. 다시 말하지만 망각이야말로 하나님의 큰 복 중 하나이다.

《망각의 즐거움》에서는 기억에 관한 한 세계 최고의 천재인 솔로몬 세르세스키를 소개한다. '미스터 메모리'로 불리며 기네스북에 오른 그는 복잡한 수학 공식, 아무런 의미가 없는 숫자와 음절도 모두 외웠다. 무의미한 단어들을 외우는 것은 물론 그 단어들을 역순으로도 기억했다. 더군다나 10년이 지난 후에도, 과거 몇 날 몇 시에 들었던 말을 기억했다. 그는 아예 전문 기억술사가 되어 자신의 기억력을 선보이는 것을 직업으로 삼았다. 하지만 그는 갈수록 고통스러워했다. 그리고 결국 정신병원에서 생을 마감했다.

지구가 자전하고 공전하는 엄청난 굉음을 상상해 보았는가? 그런데도 우리는 살아간다. 인간의 청력은 20-20,000헤르츠 사이의 소리만 들을 수 있는데, 지구의 자전과 공전 소리는 이 범위를 벗어나 있기 때문이다. 이것이 하나님의 은혜이다.

아무것도 잊지 못한다는 것은 아무것도 버리지 못하는 것과 마찬가지다. 이는 마치 '삭제 키'가 작동하지 않는 컴퓨터와 같은 것으로, 쓰레기가 산처럼 쌓일 것이다. 잊어야 할 쓰레기가 방에도 거실에도 가득하다고 상상해 보라. 망각하지 못한다면 그야말로 쓰레기 인생이 된다.

다 듣지 못하게 하시는 은혜, 다 알지 못하게 하시는 은혜, 망각하게 하시는 은혜! 이것이 고마우신 주님의 은혜이다.

비전에 몰입하라

루쉰의 《아Q정전》을 보면 주인공 아Q는 청조말의 전형적인 '쿨리'이다. 쿨리란 중국 혹은 인도의 하층민, 또는 육체노동자로서 집도 없이 창고에서 잠을 자고, 간간히 마을 사람들을 도와주며 그 삯으로 살아가는 막일꾼이다. 밑바닥 허드렛일을 하기에 사람들이 하대하며 괴롭히기도 하는데, 아Q는 상처 없이 살아간다. 그 비결은 '망각술' 덕분이다.

아Q같이, 혹은 레테의 강을 건너는 것처럼 쉽게 망각하며 살 수 있다면 얼마나 좋을까? 망각의 비술은 고수(高手)만의 전유물일까? 그렇지 않다. 하나님은 망각할 수 있는 방법을 말씀하신다. 그것은 바로 주님이 주신 비전에 몰입하는 것이다. 사도 바울은 이렇게 고백했다.

형제들아 나는 아직 내가 잡은 줄로 여기지 아니하고 오직 한 일 즉 뒤에 있는 것은 잊어버리고 앞에 있는 것을 잡으려고 푯대

를 향하여 그리스도 예수 안에서 하나님이 위에서 부르신 부름
의 상을 위하여 달려가노라 빌 3:13,14

바울에게는 과거의 영광이 많았지만 아픔도 많았다. 실수도
많았고 죄악도 많았다. 특히나 예수 믿는 사람들을 때려잡는데
앞장섰던 사람이다. 예수님의 십자가로 인해 죄를 용서받았지
만, 이런 과거의 아픔이 저절로 잊혀지는 것은 아니다. 하나님이
내게 주신 사명에 몰입해 달려갈 때, 망각의 복이 임하게 된다.
바울의 인생 푯대는 하나님이 주신 사명인 이방인의 사도의 직
분을 다하는 것이었다. 바울은 이 사명에 집중했다. 그 결과 사
도 바울을 생각할 때마다, 칙칙한 과거를 상징하는 회색이 아니
라 비전을 상징하는 푸른색이 떠오른다.

흔히 사람들은 세월이 가면 잊혀진다고 한다. 분명 '세월'의
다른 말은 '망각'이다. 그러나 세월이 지나도 잊혀지지 않는 것
이 있다. 가슴에 박힌 것이 너무 강렬해서 잊을 수 없는 것이 있
다. 이런 경우 어떻게 해야 과거의 상처에서 벗어날 수 있는가?
과거의 아픔보다 더욱 강렬한 것이 가슴에 맺히면 된다. 바로
주님이 주신 사랑과 비전이 그것이다.

요한복음 4장에 나오는 남편이 다섯이나 있던 사마리아 여
인의 경우를 보자. 이런 기구한 여인을 어떻게 위로할 수 있겠는
가? 이러한 여인이 어떻게 과거의 기억에서 벗어날 수 있겠는가?
오직 한 길이 있다. 예수님을 만나는 것이다. 사마리아 여인은

과거의 아픔을 능히 없앨 수 있는 예수님을 만났다. 그리고 사마리아 마을의 전도자가 되었다.

일곱 귀신이 들렸던 막달라 마리아의 경우도 그러하다. 막달라 마리아는 자신의 힘으로 악한 귀신의 굴레에서 벗어날 수가 없었다. 또한 귀신에 대한 악한 추억에서도 벗어날 수 없었다. 그러나 귀신의 힘과는 비교할 수 없는 예수님을 만났다. 그 결과 귀신들렸던 여자가 아니라 예수님의 부활의 증인으로 살아가게 되었다.

그리스도인은 뒤로 달리지 않는다. 과거의 덫에 걸려, 과거라는 강도에게 유린당하지도 않는다. 잊혀지지 않을 것 같은 과거의 아픔이 있더라도 그 아픔보다 더 크신 예수님을 만나면 벗어나게 된다. 그리고 단순히 망각의 복에서 그치지 않는다. 주님은 산 소망을 주신다. 허무하지 않는 인생의 푯대를 주신다. 이 푯대를 향해 몰입하고 달려가면 망각을 넘어 새로운 생명의 역사를 창조하게 된다. 주님이 주신 비전에 집중하면 망각의 복이 임한다.

「아름다운 흘림이 이웃을 살린다」

로버트 프로스트 | 안 거두어들인

담장 너머로 풍겨오는 잘 익은 향기

다니던 길 벗어나 무엇인가 가보았더니

과연 사과나무 한 그루

여름의 짐을 편안히 내려놓고

잎사귀 몇 개만 남겨 놓은 채

이제 여인의 부채처럼 가볍게 숨 쉬고 있었다

가을 사과는 풍작이었기에

땅에도 빨간 원을 이루었다

안 거두어들인 무엇이 늘 있기를!

우리의 계획 밖에 있는 게 더 많이 있기를

사과든 무엇이든 잊어버린 채로 남겨두어

그 향내 맡는 일이 죄가 되지 않도록

로버트 프로스트의 14행 소네트 〈안 거두어들인〉의 마지막 4행이다. 다 거두어들인 인생만이 성공한 인생이 아니다. 싹쓸이하는 것이 1등이 아니다. 안 거두어들인 무엇이 있는 인생, 조금씩 남겨둔 인생, 이웃을 위해 조금씩 흘리며 산 인생이 이웃과 더불어 사과의 향내를 맡는다.

우리 민족의 아름다운 전통 가운데 '까치밥'이라는 것이 있다. 감나무의 감들이 노을처럼 빨갛게 익으면, 사람들은 겨울에 먹으려고 감을 딴다. 하지만 나무 꼭대기에 달린 몇 개는 추위와 배고픔을 겪을 까치들이 먹으라고 남겨둔다. 잎 진 감나무 가지에 남은 까치밥은 마을 최고의 풍광이다. 새빨간 홍시 하나가 까치 부리에 터지면 마을은 노을빛 잔치가 열리며 사람 사는 향기가 난다. 또한 우리 조상들은 봄에 벌레들이 알을 까고 나오는 시기에는 짚신을 반 정도만 조여 느슨하게 만들었다고 한다. 혹여 벌레를 밟아도 벌레가 죽지 않게 만든 것이다. 참 아름다운 흘림, 아름다운 배려.

미련한 다람쥐가 친구를 살린다

'대지약우'(大智若愚)라는 말이 있다. 중국 송나라 8대 문호 중 한 사람인 소식(蘇軾)이 쓴 구절인데 '큰 지혜는 어리석음 같다'라는 의미이다. 큰 지혜가 있는 사람은 다람쥐처럼 바보스럽게 흘리며 산다. 다람쥐는 가을에 도토리를 입에 물고는 하늘을 한 번 쳐다본다고 한다. 그러고는 겨울에 먹으려고 땅에 묻는다. 하늘을 보는 이유는 어디다 묻었는지 확인하기 위해서란다. 흘러가는 구름을 고정점으로 여기고 땅에 묻다니, 참 미련한 친구다. 그래서 다람쥐는 결국 도토리를 못 찾는다. 그러나 도토리를 딸 재주가 없었던 다른 동물들이 다람쥐가 묻어 놓은 도토리를 먹으며 겨울을 난다고 한다. 다람쥐의 어리석음이 많은 미물(微物)들을 살리는 것이다. 이런 아름다운 흘림이 있는 사람이 좋다.

'적자생존'에 대한 유머러스한 해석이 있다. '적자(赤字)를 볼 줄 아는 사람이 승리한다'는 것이다. 어떤 일에든 손해 보려고 하지 않는 사람은 일시적으로 성공하는 듯하나 결국에는 패자가 된다. 적자를 볼 줄 알고 나누어 줄 줄 아는 사람이 최후 승자가 된다.

내가 땀 흘려 번 것이라고 해서 다 내 것이 아니다. 물론 하나님이 허락해 주신 내 몫도 있지만, 거기에는 하나님의 몫인 십일조와 가난한 이웃의 몫이 함께 있다.

하나님은 이 진리를 구체적으로 말씀하셨다. 추수할 때 싹쓸이 하지 말고, 밭의 네 모퉁이는 남겨 두라고 하신 것이다. 적자를 보라는 것이다. 또한 곡식 단이나 포도 열매를 나르다가 떨어뜨렸을 때 줍지 말라고도 하셨다. 이는 가난하고 여린 사람들의 몫이라는 것이다.

> 너희가 너희의 땅에서 곡식을 거둘 때에 너는 밭 모퉁이까지 다 거두지 말고 네 떨어진 이삭도 줍지 말며 네 포도원의 열매를 다 따지 말며 네 포도원에 떨어진 열매도 줍지 말고 가난한 사람과 거류민을 위하여 버려두라 나는 너희의 하나님 여호와이니라 레 19:9,10

구약성경에 나오는 로맨스 중 룻과 보아스의 만남이 바로 이러한 배경 하에서 이루어졌다. 예수님의 족보에 오른 네 명의 이방 여인들이 있다. 다말, 라합, 룻, 밧세바가 그들이다. 이들 가운데 세 번째인 모압 여인 룻은 보아스를 만나 삶을 꽃피우게 된다. 그런데 그 만남의 시작이 바로 '흘림이 있는 밭'에서였다.

당시 베들레헴에는 보리 추수가 한창이었다. 가난한 미망인 룻은 이삭줍기에 나섰고, 밭에서 그 지역의 지주인 보아스를 만나게 된다. 보아스는 영성과 지성과 재력까지 겸비한 베들레헴의 유지였다. 보아스는 룻의 고결한 행동을 이미 듣고 있었고, 마음이 열려 룻을 보호하고 은혜를 베풀기 시작한다. 마침내 이 두 사람은 가정을 꾸리게 된다. 그리하여 룻은 다윗 왕의 증조모가 되고, 뿐만 아니라 예수님의 족보에까지 오르게 된다. 다시 말하지만, 이 최고의 로맨스, 이 위대한 만남이 바로 '흘림이 있는 밭'에서 이루어진 것이다.

룻이 가서 베는 자를 따라 밭에서 이삭을 줍는데 우연히 엘리멜렉의 친족 보아스에게 속한 밭에 이르렀더라 마침 보아스가 베들레헴에서부터 와서 베는 자들에게 이르되 여호와께서 너희와 함께하시기를 원하노라 하니 그들이 대답하되 여호와께서 당신에게 복 주시기를 원하나이다 하니라 룻 2:3,4

내가 흘려야 이웃이 같이 먹는다. 예수님이 가르쳐 주신 주기도문을 보아도 그렇다. '나'에게 일용할 양식이 아니라 '우리'에게 일용할 양식을 주시길 기도하라고 하셨다. 더불어 같이 살라는 말씀이다.

자랑 말고 사랑을 하자

더불어 살려는 사람은 자랑하지 않고 사랑한다. '자랑'과 '사랑'에는 차이가 있다. '자랑'은 남에게 없는 것이 내게 있다고 뻐기는 것이다. 그러나 '사랑'은 이웃에게 필요한 것이 내게 있다는 것을 기뻐하는 것이다. 우리는 자랑하지 말고 사랑하며 살아야 한다. 하나님은 고린도전서 13장을 통해 이 진리를 정확히 말씀하신다.

사랑은 오래 참고 사랑은 온유하며 시기하지 아니하며 사랑은 자랑하지 아니하며 교만하지 아니하며 무례히 행하지 아니하

며 자기의 유익을 구하지 아니하며 성내지 아니하며 악한 것을 생각하지 아니하며 고전 13:4,5

여기서 '자랑하다'로 번역된 단어는 헬라어로 '페르페류오마이'로서 '뻐긴다'는 의미이다. 자랑은 한마디로 사람들에게 인정을 받기 위해 자신에게 있는 능력을 뻐기며 사실 이상으로 추켜세우는 행위이다. 자기를 자랑하게 되면 사람들은 하나님을 바라보지 않고 자랑하는 그 사람을 바라본다. 그리하여 자기 자랑이 성공하면 기껏해야 자기의 팬이 생겨나게 되는 것이다. 그러나 더 많은 경우, 자랑하는 사람을 미워하거나 시기한다. 경쟁의식을 느끼기도 한다. 어떤 사람은 자신에게 그런 자랑거리가 없음을 한탄하며 낙심하게 된다. 그 어떤 경우라도 자랑은 결코 사람을 세워주지 못한다.

그러나 사랑은 다르다. 사랑은 자랑하지 않으며, 자기의 유익을 구하지 않는다. 사랑은 이웃에게 필요한 것이 내게 있어서 이웃을 도와줄 수 있음에 기뻐한다. 자기에게 있는 많은 것이 이웃에게 흘러가게 한다. 그리하여 사랑은 사람을 세워준다.

이웃에게 흘려주어야 한다. 나누어 줄 수 있다는 것을 감사해야 한다. 다 거두려 하지 말자. 안 거두어들인 아름다운 흘림, 아름다운 어리석음이 이웃을 살린다. 그런 인생을 산 사람이 하나님이 주신 사과 향기를 맡는다.

설득 전에 감동이 있어야 한다

로버트 치알디니 | 설득의 심리학

──────── 이웃은 내가 아니기에 서로 다를 수밖에 없다. 이렇게 서로 다른 사람들이 한 세상에 같이 살다보니 부딪히는 경우가 많이 생긴다. 이때 '설득'이라는 방법을 사용한다. 그런데 많은 사람들이 설득을 할 때 실수를 한다. 내 입장, 내 생각만 강요하다가 상대방에게 반감을 불러일으키는 것이다. 그런데도 계속 설득하려 한다면 이는 마치 못질 같아서 두들기면 두들길수록 깊은 상처를 내게 된다.

설득은 강요가 아닌 소통이다. 소통이 필요한 세상에서 설득은 너무나 중요하다. '설득'에 대한 책을 한 권만 추천하라면 단연 로버트 치알디니 교수의 《설득의 심리학》이다.

그는 현존하는 사회심리학자 중에서 설득에 관한 한 가장 많이 인용되는 학자이다. 평생 설득에 대해 연구하던 그는 3년간 교수직을 내려놓고 이름도 바꾸고 콧수염도 기르는 등 변장을 하고 설득의 달인이 있다는 곳들을 찾아가 배우기도 했다. 심지어는 설득력이 있다는 이단(異端) 교주도 찾아갔다.

감동이 변화를 일으킨다

《설득의 심리학》은 지난 60여 년 동안 설득에 관해 사회심리학자들이 연구한 노하우를 6가지 원칙으로 정리해 놓았다. 그 6가지 원칙이란 상호성, 일관성, 사회성, 호감성, 권위, 희귀성의 원칙이다. 이 중에서 '상호성의 원칙'이 모든 설득의 기본이 되는 원칙이다. 이 원칙은 간단하다. '주면 받는다'는 것이다. 이 원칙에 의하면, 사람은 다른 사람이 베푼 호의를 그대로 갚아야 한다는 생각이 늘 있기에 상대방에게 먼저 충분히 주라는 것이다. 그리하여 상대방으로 하여금 빚진 상태(?)로 만들어 놓음으로써 설득이 가능하다는 것이다. 즉, 설득 전에 상대방을 어떻게 대했는가 하는 것이 설득의 가장 중요한 요소라고 권면한다.

설득은 말의 테크닉이 아니다. 설득은 감화 감동이다. 설득 전에 상대방에게 먼저 주고 섬기는 인격적인 삶이 전제되지 않는다면, 설득이 아니라 협박 내지 강요가 된다.

신나는 상상을 한번 해 보자. 한국 역사를 통틀어 드림 내각을 구성한다면 어떨까? 대통령은 세종대왕, 국방부 장관은 이순신, 국무총리는 황희, 그렇다면 외무부 장관은 누가 하면 좋을까? 당연히 '서희'다.

993년 8월 동경유수 소손녕이 이끄는 80만 거란 대군이 압록강을 넘어 고려를 침공하고는 보주, 공산군을 공격해 많은 고려군 포로를 잡은 후 항복하라고 통보했다. 고려 조정에서는 서경(평양) 이북 지방을 넘겨주고 나라를 보존하자는 의견이 많았다. 서경은 고려 태조 왕건이 모든 왕은 반드시 100일 이상 머물러 고구려 땅을 회복하라고 유시한 북방의 요지이다. 이에 서희와 이지백이 서경을 넘겨주자는 의견에 반대한다.

"삼각산 이북도 고구려 옛 땅인데 그것도 넘겨주겠습니까? 만세의 수치가 될 것입니다."

그리하여 서희는 소손녕과의 담판을 위해 떠난다. 서희는 준비된 외교관이었다. 이미 982년 송나라로 가서 중단된 국교를 트는 등 외교 경험이 있었고, 그 공로 때문에 송에서 오늘날의 국방부 장관직을 얻을 정도였다. 소손녕을 만난 서희는 거란의 진짜 목표가 중국 중원의 송나라임을 간파한다. 고려가 송과의 거래를 끊고 자신들과 거래하자는 것이었다. 이에 서희는 여진족 때문에 거란과 외교 못한다고 해서 강동 6주까지 획득하게 된다. 서희의 담판으로 오늘날 우리 국토가 압록강까지 이르게 된 것이다. 실로 한국 역사상 가장 큰 외교의 승리, 최고의 설득 사건이었다.

여기까지가 우리가 교과서에서 배운 내용이다. 그러나 더 깊이 들어가 보면 새로운 교훈이 나온다. 과연, 서희의 끝내주는 논리와 말 실력으로 거란 대군을 물러가게 하고 땅까지 얻을 수 있었던 것일까? 그렇게만 본다면 환상이다. 서희가 외교적 승리를 거둔 데에는 고려군의 결정적인 실력이 밑받침되었다.

서희의 담판 전 일이다. 고려가 항복하지 않고 버티자 소손녕은 대군을 몰아 안융진(安戎鎭)을 공격한다. 이런 경우 원래 고려는 성(城)에 들어가 수성전(守城戰)을 하는 것이 전례인데 이번에는 달랐다. 벌판에서 맞짱을 뜬 것이다. 예상 밖의 일이었다. 이 안융진 전투에서 거란군은 대패하게 된다. 고려군은 '검차'라는 신무기를 통해 거란군의 주력인 기마부대를 무력하게 만들었다. 오도 가도 못하게 된 거란은 마침내 서희와의 협상 테이블에 나왔다. 고려군의 실력이 역사상 최고의 외교 담판의 단초를 제공한 것이다.

강동 6주를 획득한 것도 그렇다. 거란이 강동 6주를 내주었다는 말 자체가 모순이다. 그곳은 여진족의 땅이 아닌가? 그런데 어떻게 거란이 내준다는 말인가? 자기 땅도 아닌데 말이다. 이에 역사학자들은 강동 6주를 내준 것이 아니라 강동 6주의 '영유권'을 허락한 것이라고 한다. 다시 말해 여진족의 땅이지만 여진족의 세력이 미미한 상황에서 고려가 거란의 눈치를 보며 치지 못하고 있는 상황이었다. 이에 거란이 허락하자 고려는 군대를 이끌고 가서 그곳을 정복하고 튼튼한 성을 쌓았던 것이다. 강동 6주도 거저 얻은 것이 아니라 군사를 이끌고 가서 획득한 것이다.

경제적, 군사적 실력도 없이 단지 몇 마디 말로 강대국의 땅을 거저 얻어낼 수 있다는 것은 환상에 불과하다. 서희 담판 전에 안융진 전투에서의 대승이 있었다. 강동 6주도 실력으로 얻은 것이다.

사랑이 귀 기울이게 한다

이 역사는 우리에게 어떤 교훈을 던져 주는가? '설득'이란 세 치 혀로 이루는 것이 아니라는 사실이다. 직접 만나 설득하기 전에, 상대방이 설득 당할만한 그 무엇이 전제되어야 한다.

세계적인 저널리스트인 짐 콜린스는 '좋은 기업'을 너머 '위대한 기업'이 되어야 한다고 했다. 그러나 그가 주장한 '위대한 기업'도 속절없이 무너져 갔다. 이제는 '사랑받는 기업' 이미지가 제일 중요하다. 아무리 비싼 광고로 소비자를 설득해도, 기업 이미지가 나쁘면 소비자를 결코 설득할 수 없다. 설득 전에 감동이 있어야 한다.

아리스토텔레스도 사람을 설득하기 위해서는 '에토스(ethos), 파토스(pathos), 로고스(logos)'의 세 가지 요소가 필요하다고 했다. 이중 '로고스'는 설득을 위한 논리적 근거로서 설득에 겨우 10퍼센트의 영향을 미친다고 했다. '파토스'는 공감, 연민 같은 감정적인 측면으로서 설득에 30퍼센트의 영향을 미친다고 한다. '에토스'는 메시지를 전달하는 사람의 인격적인 측면으로서 설득에 있어서 무려 60퍼센트의 영향을 미친다는 것이다. 사람은 이성보다는 감성적인 존재이고, 감성보다는 인격적 존재로서, 대화에 있어서 중요한 것은 말하는 사람이 지니고 있는 인격적 신뢰성이라는 것이다. 즉 설득에 있어서 결정적인 요소는 말하는 기술이 아니라, 말하는 사람이 믿을 만한 사람인가 하는 데 있다.

예수님의 말씀은 서기관들의 말과는 달랐다.

이는 그 가르치시는 것이 권위 있는 자와 같고 그들의 서기관들과 같지 아니함일러라 마 7:29

예수님의 말씀은 당시 종교 지도자였던 서기관들과는 달리 권세가 있었고 설득력이 있었다. 예수님은 해학과 풍자가 넘치는 땅의 언어를 사용하셨다. 주변에 있는 평범한 소재를 기막히게 비틀며 귀에 쏙쏙 들어오게 말씀하셨다. 예수님의 수사법은 분명 서기관들의 어투와는 달랐다. 그러나 이러한 이유만이 전부가 아니다. 예수님이 서기관들과는 달리 설득력이 있었던 큰 이유가 있다. 우리를 위해 십자가에 죽기까지 사랑하신 희생과 섬김의 삶이 있었기 때문이다.

많은 사람들은 설득 당하기를 싫어한다. 그러나 예수님 같은 분에게는 오히려 설득 당하고 싶다. 그가 우리에게 베푼 사랑을 알기에 그러하다. '믿음'이란 어찌 보면 하나님의 설득에 인격적으로 동의한 상태이다. 채찍과 당근으로 설득된 것이 아니라 사랑의 감동으로 설득된 것이다.

믿음을 가진 성도들은 하나님의 말씀을 좋아한다. 사람은 자신을 사랑하는 사람의 말에 귀 기울이는 법. 하나님의 사랑이 가슴에 있기에 하나님의 말씀을 그리도 좋아하는 것이다.

그러나 바리새인과 서기관들을 보라. 그들의 말은 번지르르했지만 그들에게는 이웃을 위한 사랑도, 희생도 없었다. 깊은 섬김이 없이 어른 노릇만 하려고 했다. 그래서 아무 설득력이 없었다.

"어른이 되려면 지갑은 열고 입은 닫으라"라는 서양 속담이 있다. 반대로 지갑은 닫고 입만 연다면 결코 어른이 될 수 없고, 설득도 할 수 없다. 말주변이 없어서 서기관 같은 사람들에게 일시적으로 설득 당했다 할지라도, 돌아서면 모독 당한 것 같아서 얼마나 불쾌한지 모른다.

우리는 설득하고 또 설득 받으며 살아간다. 어찌 보면 인생의 문제는 설득의 문제이다. 사랑도 설득이고, 소통도 설득이다. 예수님처럼 그 말하는 것이 권세가 있고 설득력이 있으려면, 먼저 주고 섬겨야 한다. 설득은 감화 감동이다. 사랑할 만한 사람, 믿을 만한 사람이 먼저 되어야 한다. 그런 사람이 설득의 달인이다.

「그대, 부끄러움을 아는가」

윤동주 | 쉽게 씌여진 시

창 밖에 밤비가 속살거려 / 육첩방은 남의 나라

시인이란 슬픈 천명인 줄 알면서도 / 한줄 시를 적어볼까

땀내와 사랑내 포근히 품긴 / 보내 주신 학비 봉투를 받아

대학 노트를 끼고 / 늙은 교수의 강의를 들으러 간다

생각해보면 어린 때 동무를 / 하나 둘 죄다 잃어버리고

나는 무얼 바라 / 다만 홀로 침전하는 것일까?

인생은 살기 어렵다는데 /

시가 이렇게 쉽게 씌여지는 것은 / 부끄러운 일이다.

윤동주 님의 〈쉽게 씌여진 시〉이다. 이 시를 편한 의자에 앉아 차를 마시며 쉽게 읽는다면 참 미안할 듯하다. 윤동주 님은 일

제 식민지 치하에서 고뇌하고 사색하는, 그래서 잎새에 이는 바람에도 한 점 부끄럼 없는 삶을 살아가려던 시인이었다. 그는 우리에게 저항정신, 민족정신을 보여 주었지만, 그보다도 그가 가르쳐준 더 큰 울림은 '미안한 마음, 부끄러워할 줄 아는 순연한 마음'이다.

일제 식민지 아래에서 일본으로 유학 간 젊은 시인, 다다미가 겨우 여섯 개 들어가는 작은 육첩방에 살지만, 유학생은 어찌되었던 선택받은 존재라는 미안함, 세상은 이토록 괴로운데 부모님이 보내주는 땀내와 사랑내 담긴 학비로 생활하는 자신을 돌아본다. 더군다나 일제 치하의 험한 세상인데, 너무 쉽게 시를 쓰고 있지는 않은가. 시인은 이렇게 쉽게 시를 쓰려는 것이 미안하고 부끄럽다고 고백한다.

나에게 드는 회초리

이 시를 보며 나의 설교를 돌아보았다. 팍팍한 세상, 마음 아파 무거운 성도들을 향해 너무 쉽게 설교를 하고 있지는 않았는지, 깊이 곰삭아 발효된 설교를 하지 않고, 발효는커녕 부패된 설교를 하고 있지는 않았는지, 무엇보다도 하나님께로부터 받은 말씀이 아니라, 얄팍한 지성으로부터 나온 듣기 좋은 설교를 하지 않았는지 부끄럽다.

부끄러움은 내가 나에게 드는 회초리이다. 사람은 미안함에 얼굴을 붉힐 수 있는 유일한 존재이다. 짐승들도 분노와 두려움은 느끼지만, 부끄러움은 없다. 성경은 부끄러움을 가르치는 거울이다. 성경을 읽을수록, 우리가 죄 성이 가득한 존재라는 것과 하나님의 은혜가 아니면 가능성이 없는 존재라는 것을 깨닫는다.

'파렴치'(破廉恥)라는 말이 있다. '염치가 없어 도무지 부끄러움을 모른다'는 의미이다. 이것이 타락한 마음이다. 부끄러움을 타지 않는 사람이 부끄러운 것이다. 부끄러움을 모르는 사람이 영변의 약산 진달래를 아름 따다 가실 길에 뿌릴 일이 없다. 더군다나 하늘을 우러러 한 점 부끄럼 없는 삶을 바라지도 않는다. 잎새에 이는 바람에도 괴로워할 겨를은 더더욱 없다.

미안함과 부끄러움이 있어야 하나님의 은혜를 갈구하고, 이웃과도 화해하게 된다. 양심에 화인(火印)을 맞지 않고 부끄러움을 아는 한 아직 가능성이 있다.

누가복음 18장에 보면 바리새인과 세리의 기도가 나온다. 바리새인은 따로 서서 '나는 저들과 같지 않다'라며 교만한 기도를 한다. 무엇이 그리 당당한 지, 회개도 없고 부끄러움도 없다. 그러나 세리의 기도는 부끄러움에 고개를 못 드는 기도였다.

두 사람이 기도하러 성전에 올라가니 하나는 바리새인이요 하나는 세리라 바리새인은 서서 따로 기도하여 이르되 하나님이여 나는 다른 사람들 곧 토색, 불의, 간음을 하는 자들과 같지 아니하고 이 세리와도 같지 아니함을 감사하나이다 나는 이레에 두 번씩 금식하고 또 소득의 십일조를 드리나이다 하고 세리는 멀리 서서 감히 눈을 들어 하늘을 쳐다보지도 못하고 다만 가슴을 치며 이르되 하나님이여 불쌍히 여기소서 나는 죄인이로소이다 하였느니라 눅 18:10-13

주님은 당연히 세리의 기도를 기뻐하셨다. 바리새인과 세리의 기도는 자세와 태도부터 다르다. 이들의 자세를 보자. 바리새인은 보란 듯이 당당하게 서서 기도했다. 또한 '따로' 서서 기도했다. '나는 죄 많은 너와는 다르다'는 것이다.

세리 또한 멀리 따로 서서 기도했다. 그러나 그가 따로 선 이유는 바리새인의 이유와 달랐다. 세리는 스스로 부정하다고 여기면서 남들과 동등하게 같이 기도할 수 없다고 여긴 것이다. 세리는 감히 눈을 들어 하늘을 쳐다보지도 못하고 다만 가슴을 치며 애통해 한다.

기도 내용을 보면 더욱더 이들의 중심을 알 수 있다. 바리새인은 정교하고 매끄러운 기도를 한다. 기도의 대상이 되는 '하나님'께 기도하고, 기도의 최고봉이라고 할 수 있는 '감사기도'까지 한다. 그런데도 예수님은 바리새인의 기도를 거절하셨다. 그의 감사는 하나님을 높이는 감사가 아니었고, 자신이 잘났다고 자랑하는 기도였기 때문이다. 바리새인의 기도를 다시 들어보자.

"나는 다른 사람들 곧 토색, 불의, 간음을 하는 자들과 같지 아니하고 이 세리와도 같지 아니함을 감사하나이다. 나는 이레에 두 번씩 금식하고 또 소득의 십일조를 드리나이다."

참 듣기 거북한 기도 아닌가? 예수님은 바리새인을 가리켜 회칠한 무덤 같다고 하시며 겉 다르고 속 다른 이들의 이중성을 지적하셨다. 그러나 세리의 기도는 다르다.

"세리는 멀리 서서 감히 눈을 들어 하늘을 쳐다보지도 못하고, 다만 가슴을 치며 이르되 하나님이여 불쌍히 여기소서. 나는 죄인이로소이다 하였느니라."

하나님의 거룩하신 눈앞에 서면, 우리는 세리의 기도 밖에 할 수 없을 것이다. 그런데 이렇게 하늘의 생명을 얻고 영생의 삶을 사는 것이 얼마나 감사한 일인가? 지금의 나의 삶은, 예수님이 나를 대신해 목숨을 던지신 덕분이다. 또한 누군가 사랑과 정의를 위해 삶을 던진 덕이다. 그렇다면, 희생하신 예수님과 이웃 앞에 늘 감사와 미안함이 넘쳐야 하지 않겠는가.

죽은 나침반은 떨지 않는다

박경화 님의 《고릴라는 핸드폰을 미워해》에는 참 숙연한 구절이 나온다.

아프리카 중부에 위치한 콩고는 콜탄이 많이 생산되는 나라이다. (중략) 콜탄을 정련하면 나오는 금속분말 '탄탈'(tantalum)은 고온에 잘 견디는 성질이 있다. 이 성질을 이용해서 탄탈이 핸드폰과 노트북, 제트 엔진, 광섬유 등의 원료로 널리 쓰이게 되자 콜탄은 귀하신 몸이 되었다. (중략) 카후지-비에가 국립공원은 지구상에 남아 있는 고릴라의 마지막 서식지이다. (중략) 그런데 국립공원에 엄청난 양의 콜탄이 묻혀 있다는 소식을 듣고 몰려든 수만 명의 사람들은 먹을 것을 구하기 위해 산속에 있는 야생동물들을 마구잡이로 사냥했다. (중략) 해발 2,000-2,500미터에 살고 있던 고릴라의 수도 점점 줄어들었다. 1996년에 28여 마리가 살고 있었는데 2001년에는 절반밖에 남지 않았다.[50]

꼭 '나비 효과'를 논하지 않더라도 지구촌 모든 만물은 서로 연결되어 있다. 나무젓가락의 소진은 황사를 불러와서 천식과 항공기 사고로 이어질 수 있고, 커피 한 잔을 마시기 위해 에티오피아의 농민은 헐값에 고된 일을 해야 하며, 햄버거 한 개를 먹을 때마다 중남미 열대림이 5미터씩 불타 없어져야 하고, 나의 월드컵 응원을 위해 어린 파키스탄의 아이들이 축구공을 바느질해야 한다.

거창한 대안(代案)을 논하기 전에 우선 '미안함'이라는 마음이 필요하다. 우리 인생은 에티오피아 농민들, 파키스탄 아이들뿐아니라 고릴라에게도 미안한 인생이다.

사도 바울은 자신의 삶이 왠지 미안했나 보다. 자격이 없는 자신을 하나님이 불러 주셔서 이방인의 사도로 세워 주신 것도 미안하고, 태산 같은 믿음을 주신 것도 미안하고, 강 같은 평화를 주신 것도 미안했다. 그래서 늘 미안한 마음으로 이렇게 살겠다고 고백했다.

> 헬라인이나 야만인이나 지혜 있는 자나 어리석은 자에게 다 내가 빚진 자라 롬 1:14

나침반은 항상 바늘 끝을 떨고 있다. 죽은 나침반은 떨림이 없다. 바늘 끝이 떨고 있는 한, 나침반은 살아 있는 것이다.

다시 떨고 있는 윤동주님의 시로 돌아가 보자.

> 인생은 살기 어렵다는데
> 시가 이렇게 쉽게 씌여지는 것은
> 부끄러운 일이다.

너무 쉽게 시를 쓰지 않았는가, 너무 쉽게 불평하지 않았는가. 늘 미안함과 부끄러움을 느낀다면, 바늘이 이렇게 떨고 있다면, 우리는 아름다운 시인이리라.

「가까이
하기
쉬운 사람」

산길을 가다가

이름 모를 꽃 한 송이를 만났지

쉬운 표정으로 물었네

이름이 뭐냐고

꽃은 한참 머뭇거리더니

그냥 꽃이라고 불러 주세요

제 이름이 꽃이니까요

웃고 있었다.

꽃이…

원로 시인이신 황금찬 님의 〈꽃〉이다.

산길을 가다가 꽃을 만난 노(老) 시인이 묻는다.

"네 이름이 뭐니?"

이름이 있든 없든, 어떤 이름이어도 상관없는 '쉬운 표정'으로.
꽃도 한참을 머뭇거리다가 '쉬운 표정'으로 대답한다.

"그냥 꽃이라고 불러 주세요."

진달래일 수도, 장미일 수도 있는데, 그냥 꽃으로 불려도 상
관없다고 한다. 시인의 물음과 꽃의 대답이 소박하다. 이 쉽고
편안한 대화를 들으면, 넉넉한 웃음이 저절로 퍼진다. 깊이가
있으면서도 쉬운 표정으로 쉬운 말을 하며, 가까이 하기 쉬운
사람. 그런 사람이 좋다.

고수는 쉽게 말한다

참 공부, 깊은 공부를 한 사람은 지적인 허영을 버리게 되어
오히려 글도 쉬워지고 말도 쉬워진다. '단편소설의 아버지'라고
불리는 안톤 체호프는 작가로서 가장 행복했을 때를, 어느 열일
곱 살 소녀로부터 편지를 받았을 때라고 했다. 그 편지엔 이런
말이 적혀 있었다.

"저는 선생님의 글을 읽으며 한 번도 사전을 찾아본 적이 없어
요."

진정한 고수는 가까이 하기 쉬운 사람이고, 쉬운 말을 한다.
너무 높은 산에는 풀 한 포기 자라지 못한다. 성격이 강하고 기

운 센 산일수록 생명체가 살기 힘들다. 에베레스트 같은 산은 높고 고매한 산이지만 생명이 사는 산은 아니다. 생명을 살리는 것이 목적이라면, 에베레스트 산보다는 생명을 품은 나지막한 산이 좋다.

어느 학자의 발언이 논란이 된 적이 있다.

"불교를 학술적으로 연구하려면 머리 좋은 사람도 30년은 걸리고, 둔재는 3백 년이 걸린다. 그에 비해 도교는 20년 정도 공부하면 도를 터득할 수 있고, 유교는 10년이면 사서삼경(四書三經)을 어느 정도 이해할 수 있다. 그런데 기독교는 3년이면 터득한다."

기독교를 폄하하려는 말이었지만, 사실 맞는 말이다. 전도할 때 많이 사용하는 〈사영리〉를 보면, 구원의 핵심을 5분 내지 10분이면 다 전할 수 있다. 더군다나 요한복음 3장 16절을 보라. 복음의 핵심을 한 문장으로 쉽게 말하고 있지 않는가.

하나님이 세상을 이처럼 사랑하사 독생자를 주셨으니 이는 그를 믿는 자마다 멸망하지 않고 영생을 얻게 하려 하심이라

요 3:16

하나님이 우리에게 주신 죄 사함의 진리란, 산 넘고 물 건너 마늘과 쑥만 먹으며 백 년의 고행을 해야 얻어지는 것이 아니다. 고매한 수도자만이 깨달을 수 있는 비밀스러운 진리도 아니다.

하나님의 진리는 누구나 쉽게 이해될 수 있도록 공개되었다. 심지어 하나님은 우리와 더욱 친밀하고 가까이 계시기 위해 직접 내려오셨다. 그분이 바로 예수님이시다.

〈서유기〉(西遊記)를 보면 손오공은 3천년 묵은 바위가 갈라지면서 '짠' 하고 태어났다. 역사와의 단절을 의미하며, 신비로움을 의미한다. 그런데 예수님은 다르다. 바위 속에서 나타나시지도 않았고, 헐몬 산의 구름을 타고 내려오시지도 않았다. 마을 사람들 누구나 다 아는 요셉과 마리아의 집에서 태어났다. 스스로 신비를 벗으신 것이다.

반면 바리새인들은 가까이 하기 어려운 존재들이었다. 분리주의, 귀족주의에 사로잡혀 자신들은 다르다고 여겼고, 냉기로 가득했다. 그 유명한 바리새인의 기도를 보라.

바리새인은 서서 따로 기도하여 이르되 하나님이여 나는 다른 사람들 곧 토색, 불의, 간음을 하는 자들과 같지 아니하고 이 세리와도 같지 아니함을 감사하나이다 눅 18:11

이들은 '따로' 기도했다. 기도의 내용도 저 죄인들과 '다르다'는 것이다. 마치 땅에 금을 긋고 이 선을 넘어오지 말라는 것 같은 뉘앙스다. 한마디로 바리새인은 엄청난 거리감을 느끼게 하는 존재들이었다.

우리 가까이 계시는 만왕의 왕

중국 장이머우 감독의 〈영웅〉이라는 영화가 있다. 전국 7웅이라 불렸던 일곱 국가들이 지배하던 중국의 춘추전국 시대가 배경이다. 각각의 왕국은 천하통일을 이루기 위해 수없는 전쟁을 치렀다. 그중에서도 가장 강력한 진나라의 왕 영정은 천하통일에 대한 야심이 누구보다도 넘쳐났다. 이미 절반이 넘는 중국 대륙을 평정한 그는 암살의 표적이 되었다. 그러나 그의 주변에는 1만 명이 넘는 왕실 호위 군사가 있었다. 또한 항상 왕 주위 백 보 안에서 움직이는 최정예 호위대까지 있어서 암살하기란 쉬운 일이 아니었다.

이러한 진 나라 영정도 두려워하는 존재가 있었는데, 바로 전설적인 자객인 은모장천과 파검, 비설이 그들이었다. 이에 영정은 자신의 주위 백 보 안에는 그 누구도 가까이 오지 못하도록 백 보 금지령을 내렸다. 그리고 그 자객들을 죽이는 자에게는 큰 현상금과 더불어 왕을 십 보 안에서 알현할 영광을 주겠다고 했다.

이런 왕의 공표가 있은 후, 지방의 백부장인 미천한 장수 무명이 은모장천과 파검과 비설을 죽인다. 무명이 목숨을 걸고 세 명의 전설적인 자객을 죽인 이유는 왕을 가까이 알현하기 위해서였다. 무명은 왕을 암살하려 했다. 그런 그에게 제일 큰 과제는 왕과의 거리, 십 보 안으로 가야 했다.

세상의 왕과 권력자는 이렇게 가까이 하기가 어렵다. 그러나 예수님은 세리와 죄인들까지도 가까이 다가갈 수 있던 분이셨다. 세상 왕과는 비교할 수 없는 만왕의 왕이신 예수님은 쉬운 말씀을 하셨고, 낮고 가련한 손을 쉽게 잡아 주셨다. 어린아이가 오는 것도 막지 않으셨고, 일부러 사마리아 마을로 가서 모두가 외면하는 여인을 만나 기도하셨다. 이런 예수님을 바라본 바리새인들은 이렇게 말했다.

예수께서 마태의 집에서 앉아 음식을 잡수실 때에 많은 세리와 죄인들이 와서 예수와 그의 제자들과 함께 앉았더니 바리새인들이 보고 그의 제자들에게 이르되 어찌하여 너희 선생은 세리와 죄인들과 함께 잡수시느냐 마 9:10,11

지탄 받는 세리와 죄인까지도 가까이 할 수 있었던 만왕의 왕, 그 왕이 바로 예수님이시다. 겨우 십 보 안에서 알현하는 것이 아니라 예수께 다가온 사람들은 아예 예수님 품에 안겼다.

복잡하고 어려운 21세기이다. 그렇다고 나까지 복잡하고 어려울 필요는 없다. 쉬운 말이 목에 걸리지 않고 가슴을 적신다. 천하의 어려운 일도 쉬운 일부터 풀어가는 것이고, 독서도 쉬운 책부터 시작해야 한다.

무한한 깊이가 있지만, 가까이 하기 쉬웠던 예수님. 그 예수님을 따르는 제자인 우리가 사모해야 할 라이프 스타일이 여기 있다. 깊이가 있으나 가까이 하기 쉬운 사람!

「배경이
되어 주는
사람 」

데이비드 히넌, 워렌 베니스 | 위대한 이인자들

───────── 데이비드 히넌과 워렌 베니스가 공저한 《위대한 이인자들》은 역사의 일인자를 만든 아름다운 이인자들의 이야기이다. 위대한 역사가 이루어진 배경에는 위대한 이인자들이 있었다는 것이다. 마이크로 소프트 사의 빌 게이츠의 꿈이 실현되도록 도와준 스티브 발머, 트루먼 대통령의 지시에 따라 어렵고 힘든 중국과의 협상 테이블에 앉았던 조지 마셜, 탐정 소설 셜록 홈즈의 조수 닥터 왓슨 등이 그들이다.

뿐만 아니다. 모택동이 훨씬 병력이 우세한 장개석 군대를 물리치고 중국 대륙을 장악할 수 있었던 것은 충성스런 동지이자 이인자인 주은래와의 협력관계, 공조체제가 첫째 요인이라고 지적한다. 주은래는 모택동보다 서열이 높고, 교육도 더 많이 받은 엘리트 지도자였다. 그런 그가 농민들의 마음을 움직이는 호소력이 있었던 모택동에게 최고의 서열을 내주고 스스로 이인자가 된 덕으로 승리했다는 것이다. 이렇듯 일인자의 배경이 되어 준 이인자들이 아름답다.

2등이 있어야 1등이 있는 법

"2등은 아무도 기억하지 않는다"라는 광고 카피가 있다. 그러나 아름다운 2등이 있어야 1등도 아름답다. 위대한 2등 배경이 있었기에 1등의 역사가 이루어진다. 숲을 이루는 것은 나무들만이 아니라 나무와 나무 사이의 '빈 곳'이다. 그 빈 곳의 '배경' 사이로 바람이 지나가고 사람이 지나가고 꽃이 핀다. 아름다움을 위해서는 꽃이 있어야 하고, 그 꽃은 배경이 있어야 한다. 코스모스의 아름다움은 그 자체에 있지 않고 배경에 있다. 코스모스가 서 있는 동산, 그 가을, 그 하늘, 그 바람이 모두 코스모인 것이다.

한 송이 국화꽃을 피우기 위해 소쩍새는 밤새 울어댔다. 소쩍새는 덧없이 운 것이 아니다. 국화만 꽃이 아니라 배경이 되어 준 소쩍새의 울음도 꽃이다. 신선한 생각을 위해서는 신선한 배경이, 큰 생각을 위해서는 큰 배경이 필요하다. 말 또한 침묵의 배경이 없으면 깊이가 없다.

사람도 그렇다. 콘트라베이스 연주자같이 배경이 되어 주는 사람이 있어야 클 수 있다. 마음껏 꽃을 피우라며, 마음껏 노래하라며 배경이 되어 주는 사람이 참 고마운 존재다.

1953년 5월 29일 11시 반, 영국의 산악인 애드먼드 힐러리는 어떤 새(鳥)도 넘을 수 없다는 전설이 깃든 에베레스트 산의 정상에 우뚝 섰다. 인류 최초의 에베레스트 정복이었다. 훗날 '경'이라는 작위를 받게 된 그는 모든 산악인의 영웅이었다. 그런 힐러리 경이 훗날 오랫동안 침묵했던 첫 등반 당시의 한 진실을 밝혔다. 에드 더글라스가 지은 《히말라야가 처음 허락한 사나이》에는 이 감동적인 고백들이 빛난다.

"텐징이 정상을 눈앞에 두고 혼자 오르지 않고 뒤에 처진 나를 30분이나 기다렸습니다."

텐징 노르가이. 그는 산악인 안내와 짐꾼 역할을 했던 세르파 중의 최고의 세르파였다. 힐러리는 자신이 에베레스트를 정복할 수 있었던 것이 텐징 노르가이 덕이었다고 밝힌 것이다. 이에 둘은 동시에 정상에 오른다.

힐러리의 고백 이후에는 에베레스트를 최초로 정복한 사람이 누구인지 물을 때면 힐러리와 텐징이라고 두 사람을 언급한다. 힐러리 경은 에베레스트 정상에서 텐징의 사진을 촬영하고 자신은 찍지 않았다. 죽음을 무릅쓰고 동행한 텐징을 높여주고 존중했던 것이다. 텐징은 1986년 사망했으나, 힐러리는 세르파들을 위한 공공사업에 생을 다했다. 잊을 수 없는 텐징에 대한 추억 때문이다.

누구나 주목받는 주인공 장미가 되고 싶어 한다. 그러나 홀로 핀 장미꽃을 보라. 가시가 두드러지게 보인다. 안개꽃이 장미의 배경이 되어 줄 때, 가시가 숨겨지고 아름다운 축복의 꽃다발이 된다. 세상이 삭막한 정글로 변한 이유는, 서로 주인공만 되려 하기 때문이다. 서로가 서로의 배경이 되어줄 때 세상은 아름다워진다.

걸림돌이 될 것인가, 디딤돌이 될 것인가

성경에 나오는 가장 아름다운 이인자가 둘 있다. 구약의 갈렙과 신약의 바나바이다. 이들은 별을 빛나게 해 준 밤하늘 같은 존재들이었다. 갈렙은 여호수아와 버금가는 리더십을 가지고 있었다. 갈렙에 대해서 말하고 있는 이 구절들을 보자.

그러나 내 종 갈렙은 그 마음이 그들과 달라서 나를 온전히 따랐은즉 그가 갔던 땅으로 내가 그를 인도하여 들이리니 그의 자손이 그 땅을 차지하리라 민 14:24

여분네의 아들 갈렙과 눈의 아들 여호수아 외에는 내가 맹세하여 너희에게 살게 하리라 한 땅에 결단코 들어가지 못하리라

민 14:30

가나안 정탐에 참여한 12명 가운데 10명은 부정적으로 하나님이 주신 가나안 땅을 악평했다. 스스로 보기에도 메뚜기 같으므로 죽기 전에 애굽으로 돌아가자고 주장했다. 온 백성이 이들의 보고를 듣고 멘붕 상태에 빠지게 된다. 그러나 갈렙은 그 땅이 하나님이 말씀하신 약속의 땅이라고 하면서 비록 큰 족속이 살고 있지만 하나님이 도우시면 능히 그 땅을 얻을 수 있다고 했다. 이토록 갈렙은 결코 뒤떨어지는 사람이 아니었다. 그러나 모세는 여호수아를 후계자로 임명했다.

이런 경우 갈렙은 여호수아에게 참 힘든 사람이 될 수도 있었다. 시기심에 사로잡혀 여호수아를 헐뜯으며 사사건건 여호수아의 뒤꿈치를 잡을 수도 있었다. 그러나 성경 어디를 보아도 여호수아가 갈렙 때문에 곤경을 겪었다는 구절은 없다. 갈렙은 여호수아를 위해 철저히 자신을 무대 뒤로 숨겼다. 그리고 85세가 되어서는 가장 험하다고 정평이 난 헤브론 땅을 구했다. 나이도 많고 두 번째 서열의 사람이므로 가장 좋고 쉬운 일을 분배받을 수도 있었다. 그러나 그는 가나안 정복을 마무리하는 상징적 도성인 헤브론, 마지막으로 남은 그곳을 달라고 요청한다. 마지막 난관을 맡겨달라는 것이다. 갈렙은 여호수아에게 걸림돌이 아니라 디딤돌 역할을 했던 것이다.

신약에는 바나바가 있다. 바울은 하나님 나라의 꽃이었다. 그러나 그 꽃이 피기까지 수많은 동역자들의 배경이 있었다. 특히 바나바는 바울이라는 꽃의 가장 아름다운 배경이 되어 주었다. 사도 바울은 다메섹에서 주님을 만나 그리스도인이 되었지만, 그 이전에 예수 믿는 사람들을 수없이 핍박했다. 그러던 사람이 어느 날 변화되었다고 하는데 누가 믿겠는가? 예루살렘 교회 사도들과 지도자들은 고도의 위장술이 아닌가 반신반의했다.

여기서 바나바가 바울의 신원을 보증하고, 사도들에게 소개해 준다. 또한 안디옥 교회에서 성공적으로 목회를 하는 중에는 다소 지방까지 가서 바울을 데려와 함께 목회를 했다. 바울을 무대 위로 끌어올린 것이다. 그러다가 서서히 바울을 일인자로 만들어 준다. 바나바가 있었기에 바울이 있었다.

바나바는 선교에서 탈락했던 마가도 위로해 주고 세워주어 역사의 별이 되게 한 사람이다. 만약 바나바가 없었더라면 우리는 신약성경 전체 27권의 절반가량을 기록한 바울의 편지를 어떻게 볼 수 있었을까? 마가복음은 또 어떻게 볼 수 있었을까?

모두 1등만 되려는 시대에 바나바같이 위대한 이인자로 아름다운 배경이 되어 주는 사람이 그립다. 주님은 서로가 서로에게 배경이 되라고 하시며 이렇게 말씀하셨다.

너희 중에는 그렇지 않아야 하나니 너희 중에 누구든지 크고자 하는 자는 너희를 섬기는 자가 되고 너희 중에 누구든지 으뜸이 되고자 하는 자는 너희의 종이 되어야 하리라 마 20:26,27

세계적인 지휘자 레너드 번스타인에게 한 기자가 물었다.

"오케스트라를 구성할 때 제일 구하기 어려운 연주자가 누구입니까?"

그는 바로 대답했다.

"제2바이올린 연주자입니다. 제1바이올린을 맡겠다는 연주자는 많습니다. 주목을 받기 때문입니다. 그러나 드러나지 않는 분야인 제2바이올린을 성실하게 연주하는 연주자를 찾기는 참 어렵습니다."

누구나 다 주목받는 첫째 주자가 되고 싶어 한다. 그러나 배경이 되어 주는 사람이 없으면 홀로 아리랑을 부르다가 목이 다 쉬어 버린다. 축구에서도 골을 잘 터트리는 스트라이커만 중요한 것이 아니다. 어시스트를 해 주는 사람이 없으면 스트라이커는 드넓은 운동장에서 전봇대처럼 서 있게만 된다.

별이 빛나는 것은 밤하늘이 배경이 되어 주기 때문이다. 그대, 지금 빛을 발하고 있는가? 별을 빛날 수 있게 배경이 되어준 밤하늘의 소중함을 늘 기억해야 한다.

"나를 딛고 일어서세요! 나를 배경으로 꽃으로 피어나세요!"

하늘나라에서 가장 아름다운 사람은 이렇게 배경이 되어 주는 사람이다.

만남, 모든 기적의 시작

사람이 온다는 건

실은 어마어마한 일이다.

그는

그의 과거와

현재와

그리고

그의 미래와 함께 오기 때문이다.

한 사람의 일생이 오기 때문이다.

정현종 님의 시 〈방문객〉이다. 한 사람이 온다는 것, 한 사람을 만난다는 것은 단순히 그 사람 자체가 아니라, 그 사람이 과

거부터 쌓아온 경륜과 지혜와 만나는 것이요, 그의 현재 인격과 마음을 만나는 것이요, 나아가 그의 미래의 가능성을 만나는 우주적인 일이다. 이렇듯 만남은 그 사람의 과거와 현재와 미래를 동시에 얻는 최고의 축복이다.

정현종 시인은 일찍이 〈섬〉이라는 짧은 시를 통해서 이렇게 말했다.

"사람들 사이에 섬이 있다. 그 섬에 가고 싶다."

섬처럼 외로이 고립되어 있는 사람들. 그 사이의 섬에 가서 그와 소통하고, 그리고 마침내 방문객이 아니라 그들과 더불어 살고 싶다는 열망이다. 좋은 사람과 만나고 그 만남이 정착한다면 이는 하나님이 주시는 최고 복 중의 하나이리라.

웨이터의 법칙

하나님이 우리를 복 주시는 방법은 대부분 '만남을 통해서'이다. 만일 하늘에서 쌀가마니가 직접 떨어진다면 그것을 받다가 죽게 될 것이다. 하나님은 사람을 통해서, 더 구체적으로 말하면 사람과의 만남을 통해서 복을 전해 주신다. 물이 논에 스며들어 벼를 살리고, 산에 들어 나무를 살리듯이 하나님은 복스러운 만남을 통해 서로를 빛내며, 멋진 결을 이루게 하신다. 그리하여 한 사람의 인생이 얼마나 풍성했는지에 대한 척도는, 그가 얼마나 좋은 만남을 가졌느냐에 달려 있다.

그렇다. 만남이 힘이다. 한 조각만으로는 의미 없는 퍼즐 조각이 다른 조각과 만나서 그림을 이루고 의미를 갖는 것과 같이, 사람도 만남으로써 서로 의미 있는 존재가 되는 것이다. 김춘수 시인은 꽃조차도 '나'와 '너'가 되어 만나기 전에는, 하나의 몸짓에 불과한 채로 있다고 했다. 만남이 존재의 의미를 부여한다. 그렇다면 우리는 만나는 사람들을 하나님이 보내주신 천사로 알고 진심으로 축복해야 한다. 이 진리를 깨달은 사람은 작은 만남이라도 결코 소홀히 하지 않는다.

"If someone is nice to you but rude to the waiter, they are not a nice person"(만약 누군가가 당신에게는 잘 대해 주지만, 웨이터에게는 거만하게 행동한다면 그는 좋은 사람이 아니다).

미국의 최고경영자 및 인사 관리에 진리처럼 퍼져 있는 '웨이터의 법칙'(Waiter's rule)이다. 이 법칙을 소개한 〈USA 투데이〉 기사에 따르면, 자신과 이해관계가 있거나 가까운 사람에게는 친절하면서도, 사회적 약자들에게 거만하게 행동하는 사람은 결코 좋은 사람이 아니라고 한다. 그런 사람과 파트너가 되면 결국은 좋지 않은 일들이 일어나니 파트너로 삼지 말라는 것이다.

우리가 일상 속에서 만나는 식당 종업원과 버스 기사들은 누군가의 어머니와 아버지이다. 배달원들은 누군가의 소중한 아들이다. 엑스트라처럼 보였던 이들이지만 누군가에게는 보석이요 영웅이다. 그러기에 이들을 업신여기거나 소홀히 본다면 나의 아버지와 어머니, 아들, 딸을 우습게 보는 것과 같다.

어느 날 아브라함에게 세 명의 손님이 방문했다. 아브라함은 그들이 누구인지 몰랐다. 그러나 매우 정중하게 그들을 맞이해 대접했다. 그런데 나중에 보니 그들은 바로 (하나님과) 천사들이었다. 현대인의성경은 이 사건을 이렇게 말한다.

여러분은 서로 형제처럼 꾸준히 사랑하고 나그네를 대접하는 일을 잊지 마십시오. 어떤 사람들은 나그네를 대접하다가 자기도 모르는 사이에 천사를 대접하였습니다. 히 13:1,2, 현대인의성경

오늘 우리가 만나는 사람이 변장한 천사일 수 있다. 그러므로 만남에 최선을 다해야 한다. 만남은 주님이 주시고자 하는 모든 기적의 시작이다.

손수건 같은 만남이 그립다
시인 정채봉 님은 그의 시 〈만남〉에서 이렇게 말했다.

가장 잘못된 만남은 생선과 같은 만남이다.
만날수록 비린내가 묻어오니까.

가장 조심해야 할 만남은 꽃송이 같은 만남이다.
피어 있을 때는 환호하다가 시들면 버리니까.

가장 비천한 만남은 건전지와 같은 만남이다.
힘이 있을 때는 간수하고 힘이 다 닳았을 때는 던져 버리니까.

가장 시간이 아까운 만남은 지우개 같은 만남이다.
금방의 만남이 순식간에 지워져 버리니까.

가장 아름다운 만남은 손수건과 같은 만남이다.
힘이 들 때는 땀을 닦아 주고 슬플 때는 눈물을 닦아 주니까.

비린내 나는 생선 같은 만남, 반짝 피었다 시들어버리는 꽃 같은 만남, 힘이 다하면 던져 버리는 건전지 같은 만남, 순식간에 지워져 버리는 지우개 같은 만남이 아닌, 힘이 들 때는 땀을 닦아 주고, 슬플 때는 눈물을 닦아 주는 손수건 같은 만남! 예수님은 여기서 더 나아가 하늘의 생명을 주는 만남을 원하셨다.

만남에는 크게 세 종류가 있다. 첫째는 좋은 사람과의 만남이요, 둘째는 좋은 책과의 만남이다. 셋째는 진리이신 주님과의 만남이다.

지금의 나는 부모님과의 만남, 친구·동료와의 만남, 스승님과의 만남 등 여러 사람들과 만남의 결과이다. 그리고 도끼처럼 나를 쪼갠 책들과의 만남 때문이다. 그러나 이런 만남들은 한계가 있다. 사람은 영원을 사모하는 존재로 창조되었다. 아무리 좋은 사람과 좋은 책을 만나도 영원의 문제, 죄 용서의 문제, 죽음의 문제를 해결할 수는 없다. 주님을 만나야 한다. 그래서 주님은 요한복음 5장 24절에서 이렇게 말씀하셨다.

> 내가 진실로 진실로 너희에게 이르노니 내 말을 듣고 또 나 보내신 이를 믿는 자는 영생을 얻었고 심판에 이르지 아니하나니 사망에서 생명으로 옮겼느니라 요 5:24

예수님은 갈릴리 호숫가의 평범한 어부, 거리에서 세금을 걷던 세리, 나무 밑에서 토론하던 선비, 상처와 아픔이 가득한 사람들을 만나셨다. 이들은 모두 우리가 어디서나 만날 수 있는 평범한 사람, 우리와 똑같은 아픔이 있는 사람들이었다. 그런데 누구든 예수님을 만나 응답하면 하늘의 생명을 얻고 영원한 삶을 살게 되었다. 길어야 겨우 백 년을 넘기지 못하는 인간, 이 유한한 인간이 한 사람의 과거와 현재 그리고 미래를 만나는 것도 이처럼 중요하다면, 하물며 인간이 하나님을 만난다는 것은 얼마나 중요한 일이겠는가?

가장 위대한 방문자

인간이 하나님을 만난다는 것은 하나님께서 우리의 과거와 현재와 미래를 만나 주시는 것이다. 그리고 인간은 천지만물을 지으셨던 하나님, 지금도 온 우주 만물을 섭리하고 계시는 하나님, 미래에도 우리의 길을 인도하시고 성취하실 하나님을 만나는 것이다. 이 황홀한 만남의 복!

이렇듯 하나님은 우리를 만나시기 위해 직접 인간이 되어 오셨다. 그분이 바로 예수 그리스도이시다. 예수님은 인류의 역사상 '가장 위대한 방문자'이시다. 예수님은 방문하셨을 뿐 아니라 우리와 함께 거하시며 우리의 눈물과 아픔 속으로 직접 들어오셔서 공감하며 치유하셨다. 예수께 나아온 사람들의 모습은 참 다양했다. 많은 사람들은 현재의 아픔을 위해서 주께 나왔지만, 예수님은 그들의 현재뿐 아니라 과거의 죄악과 아픔, 그리고 미래의 삶까지 품어주셨다. 그래서 이 영광스러운 예수님의 방문을 천사들은 이렇게 노래했다.

지극히 높은 곳에서는 하나님께 영광이요 땅에서는 하나님이 기뻐하신 사람들 중에 평화로다 하니라 눅 2:14

인류 역사상 가장 위대한 방문자, 예수님! 그분을 만나면 모든 기적이 시작된다.

"예수님이 오셨다는 건 어마어마한 일이다.
예수님은 태초부터 오늘 그리고 내일에 걸친
모든 하늘의 능력을 품고 오셨기 때문이다.
하늘의 모든 사랑을 안고 오셨기 때문이다."

다름은 틀림이 아니다

존 그레이 | 화성에서 온 남자 금성에서 온 여자

──────── '결혼 전 키스는 낭만이요, 결혼 후 키스는 노동'이라는 말이 있다. 결혼 전에는 나와 달라서 이상적(理想的)이라고 하더니, 결혼한 후에는 나와 달라서 이상하다고 한다. 결혼 전에는 섬세하다고 하더니, 결혼 후에는 좀스럽다고 한다. 결혼 전에는 박력 있다고 하더니 결혼 후에는 무식하다고 한다. 결혼 전에는 "당신 없으면 못 살아"라고 하더니 결혼 후에는 "당신 때문에 못 살아!" 하고 절규한다. 왜 이런 일이 일어났을까?

《화성에서 온 남자 금성에서 온 여자》는 남녀 간의 차이와 다름에 대해 분석한 세계적인 명저이다. 미국에서만 600만부 이상 팔렸고, 전 세계 40여 개 언어로 번역될 정도로 큰 영향을 미친 책이다.

이야기는 이렇게 시작한다. 화성에 살고 있던 남자들이 금성에 살고 있는 아름다운 여자들을 발견하고 금성으로 날아갔다. 그들은 화성도 금성도 아닌 지구에서 함께 부부로 살기로 한다. 그런데 이들은 살아가면서 서로가 원래 다른 별에서 온 존재들이라는 사실을 살짝 망각한다. 그래서 서로가 왜 나와 같지 않느냐며 사사건건 부딪힌다.

예를 들어 남자는 스트레스를 느끼면 일단 자기만의 동굴로 들어가서 에너지를 축적한 다음 문제를 해결하기를 원하지만, 여자는 누군가를 만나 이야기함으로 스트레스에서 해방되기를 원한다. 남자는 객관적인 것, 이성적인 것, 합리적인 것을 좋아하고, 여자는 주관적인 것, 감성적인 것을 좋아한다. 그래서 식당을 골라도 남자는 값싸고 양 많은 곳을 고른다. 반면에 여자는 분위기 좋은 곳을 선택한다. 남자는 뉴스를 보고 비판하기를 원하고, 여자는 드라마를 보고 눈물 흘리기를 좋아한다. 남자는 신뢰를 요구하고, 여자는 관심을 요구한다. 남자에게 중요한 것은 목표 달성이지만 여자는 과정을 더 중요하게 여긴다.

이 책이 우리에게 말하는 메시지는 '남녀는 다르다'라는 것이다. 오죽했으면 남자와 여자는 다른 별에서 온, 전혀 다른 종이라는 말이 나왔겠는가? 이런 남녀가 한 지붕 아래 같이 사는 것만 해도 기적이다.

다름 vs. 틀림

다름은 틀림이 아니다. '다름'(different)은 비교의 대상과 같지 않다는 뜻이고, '틀림'(wrong)은 정당한 기준에 맞지 않는다는 뜻이다. 한마디로 '다름'은 같지 않음을 말하고 '틀림'은 옳지 않음을 의미한다.

어린아이가 이렇게 말한다고 해보자.

"아빠, 저기 우리 차와 틀린 차가 와요."

"아빠, 저 사람은 우리와 틀린 음식을 먹어요."

당연히 틀린 차가 아니라, 다른 차이다. 틀린 음식이 아니라 다른 음식이다.

"구멍을 파는 데는 칼이 끌만 못하고, 쥐 잡는 데는 천리마가 고양이만 못하다"라는 말이 있다. 무엇이나 제 구실이 따로 있고, 쓰이는 데가 각각 다른 것이다. 다시 한 번 강조하지만, '다름과 차이'는 '틀림과 나쁨'이 아니다. 인간관계의 해결책은 '옳고 그름'이 아닌 '다름을 수용하고 서로를 이해함'에 있다. 이때부터 소통이 시작된다.

소통은 한마디로, 다른 것과의 관계를 어떻게 받아들이느냐 하는 문제이다. 다름을 받아들이면서 대등한 수평적 관계를 맺을 수 있고 더불어 사는 법을 알게 된다. 다름을 인정하는 것이 그 사람의 성숙의 지표이다. 인간관계의 갈등은 대부분 다른 것을 인정하지 않는 것에서 시작된다.

사람은 분명히 서로가 다르다. 생김새, 체형, 목소리, 생각하는 것, 습관, 말하는 방식이 모두 다르다. 똑같은 사람이 존재한다면 그건 사람이 아니라 복제 인간이다. 그런데 '다르다'라고 하지 않고 '틀렸다'라고 하면 마음을 닫고 단절한다. 하지만 다름을 인정하게 되면 '다른 관점' 하나가 더 생기는 것이다. 다름을 인정할 때 나오는 새로운 관점은 상대방에 대한 존중으로 나타난다. 다름과 차이 때문에 독특함과 다양성의 세계가 열린다. 다름은 시너지 창출의 시작점이다. 남녀는 누가 옳고 누가 틀린 것이 아니라 다른 것이다.

2010년 미국 오바마 대통령은 이라크 전(戰) 종전 연설에서 전쟁에 찬성한 사람과 반대한 사람을 각각 '이라크 전을 찬성한 애국자'와 '이라크 전을 반대한 애국자'라고 표현했다. 찬성과 반대 의견을 구분해서 옳고 그름의 논리가 아닌 '애국자'라는 공통분모로 묶어 모두를 승리자로 인정해 준 것이다.

그렇다고 틀림도 다름으로 우기면 더욱 안 된다. 틀린 것은 다른 것이 아니라 분명히 틀린 것이다. 신앙의 세계에는 양보할 수 없는 본질적인 진리들이 있다. 예를 들어 하나님의 말씀인 성경, 삼위일체, 십자가의 구원 등은 타협할 수 없는 불변의 진리다. 그러나 본질 외에는 다름을 인정해야 한다.

17세기에 마르코 안토니오 도미니스가 선언했고, 어거스틴, 리처드 백스터, 존 스토트 등에 의해 널리 알려진 기독교 격언이 있다.

"본질적인 것에는 일치를, 비본질적인 것에는 자유를, 모든 것에 사랑을"(in necessaris unitas, in unnecessaris libertas, in omnes charitas).

이 명제는 비단 가정뿐만 아니라 사회생활, 교회생활에서도 적용되어야 한다. 같은 문제를 다른 시각과 다른 관점으로 볼 수 있음을 인정할 때, 즉 우리가 서로 다르다는 것을 받아들일 때, 공동체는 놀라운 소통의 축복을 경험할 수 있다.

나에게는 나의 길이 있다

위대한 예술가는 같은 작품을 만들지 않는다. 가장 위대하신 예술가이신 하나님은 사람도 만물도 다 다르게 창조하셨다. 그리고 그 다름이 조화를 이루는 가운데 행복과 기쁨을 누리는 모습을 보며 영광을 받으셨다.

우리에게 주신 은혜대로 받은 은사가 각각 다르니 롬 12:6

하나님께서는 사도 바울이나 아볼로처럼 언변과 지식이 뛰어난 이를 쓰기도 하시지만, 베드로처럼 열정적이고 직선적인 사람을 들어 쓰기도 하신다. 구약의 엘리사 선지자를 보라. 하나님은 그를 통해 수많은 기적을 행하셨다. 그러나 신약의 세례 요한을 보라. 하나님은 그를 통해 한 번의 기적도 행하지 않으셨다. 그러나 이 둘은 각자 주어진 대로 멋지게 하나님의 일을 수

행했다. 요한에 대해 말하는 성경 구절을 보자.

> 많은 사람이 왔다가 말하되 요한은 아무 표적도 행하지 아니
> 하였으나 요한이 이 사람을 가리켜 말한 것은 다 참이라 하더
> 라 요 10:41

만약 요한이 "나도 엘리사처럼 많은 기적을 행하게 해 주십시
오!"라고 하나님 팔을 비틀며 매달렸으면 어찌 되었을까? 엘리
사가 해야 했던 역할과 요한이 행해야 했던 역할은 다른 것이었
다. 서로의 은사도 역할도 다름을 인정하고 존중할 때 소통의
공동체가 된다.

또 하나의 예를 보자. 디모데후서를 보면 하나님이 만드신 여
러 그릇의 이야기가 나온다.

> 큰 집에는 금 그릇과 은그릇뿐 아니라 나무 그릇과 질그릇도
> 있어 귀하게 쓰는 것도 있고 천하게 쓰는 것도 있나니 그러므로
> 누구든지 이런 것에서 자기를 깨끗하게 하면 귀히 쓰는 그릇이
> 되어 거룩하고 주인의 쓰심에 합당하며 모든 선한 일에 준비함
> 이 되리라 딤후 2:20,21

하나님은 하나의 그릇이 아니라 서로 다른 여러 그릇을 만드
신다. 그러나 이 구절을 자세히 살펴보자.

"자기를 깨끗하게 하면 귀히 쓰는 그릇이 되어 거룩하고 주인의 쓰심에 합당하며."

하나님이 절대 주권 하에서 만드신 '다름'에는 높낮이가 없다. 금 그릇이냐 은그릇이냐 나무냐 질그릇이냐가 중요하지 않다. 주인이 쓸 수 있느냐 없느냐가 중요하다. 주인이 쓸 수 있는 그릇, 주인이 쓰는 그릇이 명품 그릇이다.

"화성에서 온 남자, 금성에서 온 여자,

화성에서 온 진보, 금성에서 온 보수,

화성에서 온 사업주, 금성에서 온 사원,

화성에서 온 기성세대, 금성에서 온 신세대.

모두 이 아름다운 지구별에 오신 것을 환영합니다!"

「깊이 없는 높이는 허영이다」

────── 러시아 페테르부르크에서 이상한 일이 일어났다. 8급 말단 관리 코발로프는 기절할 지경이 되었다. 자고 일어났더니 자신의 코가 없어진 것이다. 놀란 그는 코를 찾아 나선다. 관료들과 신문사 곳곳으로 뛰어다닌다. 심지어는 자신이 결혼을 거절한 여인의 어머니까지 찾아간다. 그러다가 그는 또 기절할 일을 발견한다. 자신의 코가 5급 관리의 복장을 하고 나타난 것이다. 자신은 고작 8급인데 말이다. 코 신사는 커다란 깃을 세운 정복을 입고, 모자에는 깃털 장식까지 달고 있었다. 코발로프는 조심스럽게 코 신사에게 다가가서 묻는다.

"혹시 당신이 나의 코가 아닙니까?"

그러자 코 신사는 버럭 화를 내며 "나는 나다"라고 하면서 외

면한다. 코발로프는 잃어버린 코를 찾으려 신문사도, 경찰서장
도 찾아가 보았지만 소용이 없었다.

그러던 어느 날 아침, 코는 능청스럽게도 다시 그의 얼굴로
돌아왔다. 코발로프는 다시 오만해져서 룰루랄라 거리를 휘젓
고 다닌다. 코를 잃어버리기 전에 늘 그랬던 것처럼, 친구들의
말을 무시한다. 거리의 예쁜 여자들에게는 연신 추파를 던진다.

깊은 그릇이 많이 담는다

'있어빌리티'라는 말이 있다. '있다'라는 말과 능력을 뜻하는
영어 단어 '어빌리티'(ability)가 합쳐진 신조어로서, '있어 보이게
하는 능력' 쯤으로 해석된다. 있는 사람이 있어 보이려고 하면
자기 브랜딩이 되는데, 없는 사람이 있어 보이는 데만 신경을 쓴
다면 허세이다.

이 작품에서 왜 하필이면 '코'가 없어진 것일까? '콧대가 세다'
혹은 '코를 납작하게 해 준다'라는 말들이 있다. 코는 사람의 자
존심이나 명예욕 등을 의미한다. 이 소설의 첫 제목은 '코'(Hoc)
가 아닌 '꿈'(Coh)이었다. 그러나 고골은 제목을 '코'로 변경했
다. '코'를 뜻하는 러시아어 제목 'Hoc'를 거꾸로 읽으면 'Coh'이
된다. 즉 코를 뒤집으면 꿈이 된다.

기막힌 해학이다. 이 작품은 '코'에 대한 이야기이지만, 한편
으로 주인공의 '꿈' 이야기라는 의미이다. 있지도 않으면서 있어

보이고 싶어 하는 사람들의 허세와 꿈!

주인공 코발로프는 없어진 자신의 코를 발견하지만, 코는 "나는 나다"라고 하면서 그를 외면한다. 이 장면이 중요하다. 코, 즉 한 사람이 가지고 있는 계급장이 곧 그 사람의 인격이나 성품을 의미하는 것은 아니라는 말이다. 그래서 우리는 늘 이런 질문을 하며 겸손하게 살아야 한다.

"나에게 있는 계급장과 소유를 다 떼어도 사람들은 나를 존경하며 사랑할까?"

코가 없어지니까 주눅이 들어버리는 코발로프, 코가 돌아오자 다시 허세를 부리는 코미디 같은 이 속물의 모습을 보면 웃음이 난다.

간장 종지에는 고깃국을 담을 수 없다. 깊이가 없는 그릇 안에 진한 맛을 내는 음식을 담아 둘 수 없다. 깊이를 가지게 되면 높이는 저절로 이루어진다. 깊이가 없는 높이는 사상누각에 불과하다. 이는 마치 뿌리가 얕은 나무가 하늘로만 치솟은 것과 같다. 세상에 참 초라한 사람이 있다면, 스펙은 많으나 스토리가 없는 사람이다. 높이는 가진 듯하나 깊이가 없는 사람이다. 사람의 말 또한 그러하다. 하이데거가 표현했듯이 '말은 존재의 집'이다. 깊이가 없는 말은 소음에 불과하다.

막스 피카르트는 《침묵의 세계》라는 명저에서 말의 깊이에 대해 이렇게 말한다.

침묵은 말이 없이도 존재할 수 있지만,

말은 침묵이 없이는 존재할 수 없다.

말에게 침묵이라는 배경이 없다면,

말은 아무런 깊이도 가지지 못한다.[51]

피카르트는 침묵이라는 배경이 없는 말, 침묵에 뿌리를 내리지 말은 깊이가 없다고 한다. 심지어는 신의 말씀을 전하는 경우라도 요란하게 소리를 지르지 말라고 충고한다. '신의 말씀' 운운할지라도 침묵을 배경으로 하지 않는다면 모든 말들은 소음일 뿐이라는 것이다. 그렇다면 '침묵'이란 무엇인가? 여러 해석이 있을 수 있지만 '진실'이라고 해석할 수 있다. 진실 없는 큰 소리는 소음이 분명하다.

이런 유머가 있다. 빵 가게를 운영하는 집사님이 있었다. 이분이 구워내는 빵은 크기가 매우 작아 동네 사람들의 비난을 샀다. 그런데 이 집사님의 별명이 '대포 집사'였다. 대표기도를 할 때 대포 소리가 나도록 큰 소리로 기도하기 때문이다. 그날도 힘차게 기도했는데, 사람들의 눈치가 자신을 별로 좋아하지 않는다는 것을 느꼈다. 대포 집사님은 상한 마음으로 목사님을 찾아가서 상담했다.

"사람들이 왜 저를 싫어하는지 모르겠어요. 저는 능력 있게 살려고 힘차게 기도하는데 말입니다."

목사님은 진지하게 권면해 주었다.

"기도 소리는 줄이고, 빵 크기를 늘리세요."

꽃에 향기가 있듯이 사람에게는 품격이라는 것이 있다. 품격 없이 높이만 추구하는 것, 깊이 없이 높이만 추구하는 것을 속물이라고 한다. 또한 진실성이 없지만, 진실한 존재인 것처럼 위장하는 사람을 속물이라고 한다. 타락한 것처럼 보이지는 않지만, 지극히 세속적인 사람을 속물이라고 한다. 또한 하나님이 주신 원본(原本)으로 살지 않고, 늘 타인의 시선 속에서 복사본(複寫本)으로 사는 사람을 속물이라고 한다. 속물이 도를 넘으면 괴물이 된다.

하나님의 깊이를 추구하라

예수님은 제자들에게 서기관들을 삼가라고 말씀하셨다.

> 긴 옷을 입고 다니는 것을 원하며 시장에서 문안 받는 것과 회당의 높은 자리와 잔치의 윗자리를 좋아하는 서기관들을 삼가라 눅 20:46

이들은 깊이가 없으면서 높이만 추구하는 속물 같은 사람들이었다. 스스로 어른이라고 여기면서 높은 자리에 앉기를 좋아하지만, 어른다운 품위와 희생이 없는 사람들이었다.

사도행전에 보면 이런 속물이 또 한 사람 등장한다. 사마리아 성에 시몬이라는 유명한 마술사가 있었다. 사람들은 하류층에서 상류층에 이르기까지 그의 마술에 현혹되어 추종했다. 사람들은 그를 가리켜 '하나님의 능력'이라고까지 불렀다. 시몬 자신도 스스로를 '큰 자'라고 하며 기세가 하늘을 찔렀다.

그런 시몬 앞에 하나님의 사람 빌립이 나타났다. 선수는 선수를 알아보는 법. 빌립이 사마리아에서 복음을 전하자 하늘의 능력이 나타났다. 이런 하나님의 능력은 시몬이 이제껏 행해 왔던 잡스러운 마술과는 차원이 다른 것이었다. 빌립을 통해 귀신들이 나가고 중풍병자와 걷지 못하는 사람들이 치유를 받았다. 사람들은 빌립을 한마음으로 따랐다. 그때 예루살렘에서 온 베드로와 요한이 성령 받기를 기도하며 그들에게 안수하니 성령을 받았다. 이것을 본 시몬은 돈을 주면서 이 권능을 자기에게도 주어 자기가 안수하는 사람은 성령을 받게 해 달라고 했다. 그러자 베드로는 이렇게 호통을 친다.

베드로가 이르되 네가 하나님의 선물을 돈 주고 살 줄로 생각하였으니 네 은과 네가 함께 망할지어다 행 8:20

하나님의 선물, 하나님의 능력은 '하나님의 깊이'를 의미한다. 마술사 시몬은 돈을 더 벌고 싶어서, 사람들의 환심을 더 얻기 위해, 즉 자신의 높이를 위해 하나님의 깊이를 돈으로 사려고 한 것이다.

깊이를 뒤집으면 높이가 된다. 깊이만큼 향기가 난다. 된장찌개의 맛은 깊이 발효된 콩과 땅에서 곰삭은 파의 우러남과 스밈에 있다. 이런 깊이는 없이 급조한 맛을 내려고 조미료만 뿌렸다면 그것이 맛이겠는가.

연못을 가득 채운 연잎을 보라. 위로, 밖으로 향한 그 푸르고 넓은 녹색 잎은 진흙을 뚫고 아래로, 안으로 향하는 뿌리의 노동이 있기에 가능한 일이다. 위로, 밖으로 향하고 싶은 꿈이 강할수록 아래로, 안으로 깊어져야 한다. 낮춤이 높임이다. 깊이의 내공이 옆으로 뻗을 수 있는 넓이를 결정하고, 위로 올라갈 수 있는 높이를 결정한다.

삶의 길이는 하나님이 정해 주신 것이다. 그러나 삶의 깊이와 넓이는 우리가 얼마나 성화(聖化)되느냐에 따라 달라진다.

오늘도 수없이 지나가는 사람들의 코를 볼 것이다. 그러나 코가 그 사람은 아니다. 그의 높이도 아니다. 예수님의 성품을 닮은 '깊은 인격', 예수님의 마음을 닮아 전도하고 선교하고 구제하는 '깊은 사랑', 이 깊이가 그 사람의 진정한 높이이다.

「여백이 있는
사람이
좋다」

도종환 | 여백

언덕 위에 줄지어 선 나무들이 아름다운 건

나무 뒤에서 말없이

나무들을 받아 안고 있는 여백 때문이다.

나뭇가지들이 살아온 길과 세세한 잔가지

하나하나 흔들림까지 다 보여 주는

넉넉한 허공 때문이다.

빽빽한 숲에서는 보이지 않는

나뭇가지들끼리의 균형

가장 자연스럽게 뻗어 있는 생명의 손가락을

일일이 쓰다듬어주고 있는 빈 하늘 때문이다.

여백이 없는 풍경은 아름답지 않다.

비어 있는 곳이 없는 사람은 아름답지 않다.

여백을 가장 든든한 배경으로 삼을 줄 모르는 사람은.

이런 유머가 있다. 어느 성악가가 노래를 부르다가 숨이 막혀 죽었다고 한다. 이유를 알고 보니 악보에 쉼표가 없었다고 한다. 악보 중간에 나오는 쉼표도 음악의 일부이다. 쉼표는 노래의 여백이다. 여백 없는 악보, 쉼표 없는 악보는 부르는 사람도 듣는 사람도 질식하게 한다.

빈 곳을 보면 견디지 못하고, 여백을 보면 무엇으로든 구겨 넣으려 하는 사람이 있다. 이런 사람이 편지를 쓰면 띄어쓰기나 줄 바꿈 없이 빽빽이 채운다. 그 편지 내용이 아무리 좋더라도 얼마나 숨이 막힐까.

넘침보다 모자람이 좋다

그림과 사진에도 여백이 있는 것이 넉넉하고 좋다. 여백은 독자가 생각하고 상상하는 창조의 공간이다. 흔히들 동양의 미학을 '여백의 미'라고 한다. 넘침보다는 모자람을 선택한 것이다. 동양화는 선의 예술이요, 서양화는 면의 예술이다. 동양화는 선이 중심인지라 면이 비어 여백이 있다. '없음'으로 인해 '있음'이 빛난다. 붓을 대지 않은 흰 여백은 감상하는 사람이 들어갈 공간이다. 감상하는 사람은 그 여백 속으로 들어가서 하늘이 되기도 하고, 물이 되기도, 산이 되기도 한다.

책의 여백도 그렇다. 독자는 그 여백에 생각과 감동을 메모하며 책에 동참한다. 시도 절제와 여백이 있는 짧은 시가 긴 시보다도 많은 울림을 준다. 이론도 그러하다. 웃을 수 있는 여유와 여백이 없는 이론은 복수와 증오에 불타오르는 이론이다.

현대의 아이콘인 애플사의 스티브 잡스는 마력과 같은 흡인력이 있는 프레젠테이션으로 유명하다. 그가 프레젠테이션을 위해 사용하는 파워포인트에는 한 장에 한 줄 이상의 문장을 넣지 않는다. 듣는 사람이 느끼며 생각하며 공감하며 따라올 시간을 충분히 주는 것이다. 끼어들 틈을 주는 것이다. 가득 채우는 것보다 여백과 틈을 주어 상대가 들어올 수 있는 공간을 주는 것이 가장 효과적인 설득이다. 상대가 이 빈 공간으로 들어와서 자신의 생각을 개입하게 되면 이렇게 느끼기 시작한다.

"저건 내 이야기다."

괴테의 어머니는 어린 괴테에게 이야기를 들려주면서 결말은 알려주지 않았다고 한다. 여백을 남긴 것이다. 어린 괴테는 스스로 이야기 속에 참여해 결말을 상상하며 스토리텔링 능력을 길렀을 것이다.

《채근담》(菜根譚)에는 이런 말이 나온다.

한쪽이 기울어진 그릇은 가득 차면 엎어지고, 저금통은 비어 있어야 온전하다. 그러므로 군자는 차라리 비어 있으려고 하지 채워져 있으려 하지 않고, 차라리 모자르려고 하지 완전해지려고 하지 않는다. [52]

10리터 그릇에는 9리터쯤 담는 것이 좋다. 가득 채우면 넘치게 된다. 화낼 일이 있어도 그 감정을 다 쏟아내지 말아야 하며, 정당한 말이라도 70-80퍼센트만 말하고 나머지는 여운으로 남겨두는 것이 좋다.

거리는 관계를 풍성하게 한다

사람도 여백이 있는 사람이 좋다. 틈이 없고 매끈한 유리 같은 사람에게는 이웃의 눈물이 스며들지 못한다. 넉넉한 무명천 같이 여백이 있는 사람은 이웃의 눈물과 습기를 흡수하며, 소통하고 공감하는 사람이 된다. 손해볼 줄도 알고, 낮아질 줄도 아는 그 넉넉함이 사람들을 품는다.

100의 출력 능력을 가진 오디오 기기를 70정도로 해 놓고 음악을 들으면 가장 편안하다. 마찬가지다. 자신의 목소리를 나지막하게 70정도만 하고 나머지는 여백으로 배려하는 사람이 있다. 재능이 뛰어난 사람은 머리에 기억되지만, 이렇듯 배려의 여백이 있는 사람은 가슴에 남는다.

뿐만 아니다. 나무가 서로 살아가는 데 간격이 필요하듯이,

사람과 사람 사이에도 여백이 필요하다. 구속하듯 구속하지 않는 간격, 애태울 정도의 거리가 있는 미학이 관계의 미학이다. 그런 면에서 예수님은 여백의 넉넉하심이 가득하신 분이다.

열정에 불타는 사람, 의욕이 강한 사람이 역사를 변화시킨다. 그런데 이런 부류의 사람은 주변 사람들을 다 태워버리는 경향이 있다. 그래도 승리의 깃발을 꽂기 위해 전우의 시체를 넘고 넘어 앞으로 앞으로 간다. 그런데 마침내 고지에 올라보니 전우들이 다 죽어 있다.

황홀하게 타오르지만 곁 물상(物象)을 파괴하지 않는 성스러운 불꽃. 열정으로 뜨겁지만 날카롭지 않은 리더. 이렇게 균형 잡힌 리더십을 가진 분이 예수님이셨다.

귀신을 쫓아내며 하나님의 능력을 펼친 제자들이 돌아왔다. 그들은 들뜬 마음으로 예수님 앞에서 사역을 보고했다. 그때 예수님은 이들에게 "저기 고지가 또 있다!"라며 재촉하지 않으시고 이렇게 말씀하셨다.

이르시되 너희는 따로 한적한 곳에 가서 잠깐 쉬어라 하시니 이는 오고 가는 사람이 많아 음식 먹을 겨를도 없음이라 막 6:31

얼마나 따뜻하고 여유로운 말씀인가? 또한 예수님 자신도 쉼의 여백 속에 사셨다. 수려하고 감성적인 문체로 예수님의 생애를 그린 에르네스트 르낭은 예수님의 쉼을 이렇게 묘사했다.

특히 베다니촌은 예수가 특별히 좋아한 곳으로 언덕 꼭대기 사해와 요단강이 바라다 보이는 경사 위에 자리 잡고 있는, 예루살렘에서 한 시간 반쯤 걸리는 곳이었다. 그는 이 마을에서 두 자매와 또 한 사람, 모두 세 사람이 함께 사는 한 가족을 알게 되었는데, 이들의 애정은 그가 보기에 참으로 아름다웠다. (중략) 시몬이라는 나병 환자가 이 집의 주인이었다. 이 사람은 마리아와 마르다의 오빠가 아니면, 적어도 친척이었던 것 같다. 여기서 예수는 경건한 애정에 싸여 공적 생활의 여러 가지 불쾌한 일을 잊곤 했다. 이 내적 평온 속에서 그는 바리새인들과 율법학자들에게 쉴 새 없이 시달린 마음을 스스로 위로했다. 그는 가끔 올리브 산에 앉았다. 눈앞에는 모리아 산이 있고, 눈 아래에는 성전의 전망대와 금속판으로 덮인 지붕의 장려한 전망이 펼쳐져 있었다. 이 경치는 나그네들의 찬탄을 자아내고 있었다. 특히 해 뜰 무렵 눈부시게 빛나는 성스러운 산은 눈과 황금의 큰 덩어리처럼 보였다.[53]

예수님보다 바쁜 생애가 있을까? 예수님보다 무거운 짐을 짊어진 인생이 있을까? 예수님은 이러한 무게 속에서도 여백이 있으셨다.

우리의 신앙에도 여백이 필요하다. 신앙의 여백은 내가 다 하려고 하지 않고 하나님의 역사하심을 기다릴 줄 아는 믿음을 가리킨다.

마가복음 4장에는 농부의 노력과는 상관없이 스스로 자라는 씨앗의 이야기가 나온다.

> 또 이르시되 하나님의 나라는 사람이 씨를 땅에 뿌림과 같으니 그가 밤낮 자고 깨고 하는 중에 씨가 나서 자라되 어떻게 그리 되는지를 알지 못하느니라 땅이 스스로 열매를 맺되 처음에는 싹이요 다음에는 이삭이요 그 다음에는 이삭에 충실한 곡식이 라 막 4:26-28

이 구절을 보면 농부의 역할이 거의 없다. 농부가 자고 깨고 하는 사이에 땅이 스스로 열매를 맺는다. 즉 '농부의 손을 떠난 일'로서 전적으로 하나님이 하신 일이라는 의미이다.

삶을 살다보면 내 손을 떠난 일, 즉 아무리 노력해도 안 되는 것이 있다. 내 손을 떠난 빈 공간이 바로 하나님이 전적으로 일하시는 공간이다. 이것을 인정하고 하나님의 도우심을 사모하며 기도하는 것이 겸손한 삶이다.

또한 기도했으면 믿고 기다려야 한다. 기도할 때도 며칠까지 빨리 해내라고 하나님의 팔을 비틀며 협박하는 듯한 기도는 무례하기 짝이 없는 기도이다. 주님이 역사하실 틈을 자신이 꾸역 꾸역 메꾸려 하는 교만함이다. 하나님이 일하시는 공간을 인정하고 기다리며 바라보는 '신앙의 여백'이 필요하다. 여백이 클수록 하나님의 도우심과 채우심도 크다. 빈틈 없는 나의 완벽보다 하나님의 은혜가 더욱 중요하다.

여백이 있는 글이 좋다. 여백이 있는 그림이 좋다. 여백이 있는 이론이 좋다. 여백이 있는 사람이 좋다. 여백이 있는 관계가 좋다. 여백이 있는 신앙이 좋다.

「일상은
신비요
기적이다」

구상 | 꽃자리

반갑고 고맙고 기쁘다

앉은 자리가 꽃자리니라

네가 시방 가시방석처럼 여기는

너의 앉은 그 자리가

바로 꽃자리니라

　세상에는 두 공간이 있다.　내가 사는 '이곳'과 그가 사는 '그곳'.　우리는 착각하기를 '이곳'은 메마른 일상과 현실이고, '그곳'은 풍경이고 동화라고 생각한다.　그러나 풍경도 다가가 보면 일상이다. "파리의 낭만은 3일이면 족하다"라는 말이 있다.　3일 정도 지나면 어느 곳이나 똑같은 '일상'이 된다는 것이다.　그러니 '그곳'이 꽃자리가 아니고, 지금 내가 서 있는 '이곳'이 주님이 주신 꽃자리이다. 성숙한 성도는 일상에서 하나님의 은혜를 발견하고 감사한다.

나무가 모여 숲이 되듯이, '일상'이 모여 '일생'이 된다. 인생은 큰 사건 몇 가지와 수 없이 많은 일상으로 이루어진다. 큰 사건도 중요하지만, 일상은 더욱 중요하다. 그렇다. 삶은 매일 일어나는 일상의 합이고, 그 일상에 의미를 부여하며 사는 것이 인생이다.

"어떤 사람의 성공의 비결을 알고 싶다면 그의 일상을 보면 된다"라는 말이 있다. 일상의 작은 승리들이 쌓여 인생의 큰 성공을 이루기 때문이다. 일상에서 행복을 느끼지 못하는 사람이 언제 행복을 느낄 수 있겠는가? 눈부신 인생을 살아가려면 일상이 아름다워야 한다.

일상이 모여 일생이 된다

호주의 신학자 마이클 프로스트는 그의 저서 《일상: 하나님의 신비》 서문에서 이렇게 말했다.

나는 초자연적 차원과 그 권능을 믿는다. 그러나 우리가 그런 차원만 추구하다 보면 잃는 것이 너무 많지 않을까 싶다. 우리의 눈은 더 이상 놀란 듯 활짝 열려 있지 않다. 고흐의 작품 '해바라기'에서 하나님을 발견할 수 없는가? 부서지는 파도 속에 하나님이 보이지 않는가? 갓 태어난 아기의 해맑은 눈동자 속에 하나님이 보이지 않는가? 장미 한 송이 혹은 영화나 책에 등장하는 인물, 아름다운 노래, 계절의 변화 가운데서는? 친구가 사랑한다고 말할 때 그분의 목소리가 들리지 않는가? 또한 맛있는 음식과 감미로운 대화에서 그분을 맛보지 않는가?

하나님의 나라는 이 세상 도처에서 확장되고 있다. 우리의 눈을 열어, 굉장한 사건을 주목하는 만큼 이른바 일상적인 삶 속에서 하나님의 은혜를 맛보자.[54]

우리 인생이 아름다운 이유는 매일매일 일어나는 작은 일들 때문이다. 이 작은 일들에 하나님의 초월성이 스며 있다. 그러기에 일상은 신비요 기적이다.

하나님이 필요하시면 우리를 극적으로 드라마틱하고 신비롭게 인도하신다. 그러나 대부분의 경우, 일상적인 삶 속에서 우리를 부르시고 동행하신다. 우리는 폭풍 같은 강렬한 하나님의 역사를 기대한다. 하나님은 물론 그렇게 역사하실 수 있다. 그러나 하나님은 대부분 폭풍 대신에 나비를 보내신다. 영성이 깊은 신앙인은 하나님이 보내주신 나비의 날갯짓에서 훗날 일어날 폭풍을 본다.

돌아보라. 집 나가면 도처에서 돈 달라고 손 벌리는 세상에서

햇빛이 날 보고 돈 달라 한 적 없고, 풀꽃이 날 보고 돈 달라 한 적 없다. 산소, 햇빛, 물, 땅과 같이 없으면 죽을 수밖에 없는 귀하고 귀한 것들은 모두 주님이 거저 주신 것이다. 당연해 보이는 일상이 사실은 하나님의 큰 은혜요 기적이요 신비이다.

인생은 숙제가 아닌 탐험이다

이렇게 새로운 눈으로 일상을 본다면 그것이야말로 기적의 삶을 사는 것이다. 분명히 그렇다. 일상 속의 사소한 것들은 하나님의 신비로 감싸져 있다. 해가 지고 뜨고 바람이 부는 사소한 일은 가장 신비롭고 위대한 일이다. 오늘 해가 뜨지 않으면, 오늘 바람이 불지 않으면 그것이야말로 큰 일, 종말이 아닌가?

존재와 비존재의 경계에 있는, 가녀리고 연약하고 일상적인 것들. 세상을 두루 참답게 이루는 건 신비로운 일상과 그 사소함들이다. 이를테면 어김없이 봄, 여름, 가을, 겨울이 돌고 있는 것, 하늘의 달, 밤하늘의 별빛, 수면 위를 불어오는 바람, 계곡을 흐르는 물소리, 어디선가 들려오는 새소리, 바람이 숲을 지나는 소리, 꽃들의 고운 자태와 향기, 평생 동안 수백만 리터의 피를 펌프질하는 우리의 심장….

이런 작고 평범한 것들이 가장 큰 하나님의 신비이다. 이 작은 것들을 보고 감사할 줄 아는 사람이 영적인 사람이요 신비로운 사람이다. 다윗은 바로 이런 일상의 기적을 발견하고 노래했다.

여호와 우리 주여 주의 이름이 온 땅에 어찌 그리 아름다운지요 주의 영광이 하늘을 덮었나이다 시 8:1

뿐만 아니다. 다음의 구절을 보자.

내가 누워 자고 깨었으니 여호와께서 나를 붙드심이로다 시 3:5

'눕고, 자고, 깨는 것'은 너무나 평범한 우리의 일상이다. 이런 일들에 아무도 감동하지 않는다. 그러나 시편 기자는 주님이 나를 붙드셨기에 내가 누울 수도 있었고, 잠을 잘 수도 있었으며, 아침에 깰 수도 있었다고 한다.

하늘의 시인은 일상 가운데서 무한한 신성을 느껴 감사하는 자이다. 한 알의 모래에서 우주를 보고, 한 톨의 곡식에서 천근의 감사를 느끼는 자이다. 이런 삶을 살게 되면 인생은 해결해야 할 숙제가 아니라 탐험해야 할 신비가 된다.

이러한 일상에서 아름다움과 행복을 찾지 못하면 좀 더 강렬한 수단을 동원하게 된다. 그래도 안 되면 점점 더 무리수를 두게 되고, 그 결과 천박한 쾌락에 중독되기 십상이다.

"행복은 강도(强度)가 아니라 빈도(頻度)이다"라는 말이 있다. 짜릿한 한 번의 행복보다 일상의 자잘한 행복들이 진정한 행복이라는 의미이다. 작은 기쁨들의 합(合)이 한 가지 큰 기쁨보다 큰 법이다.

우리는 특별한 것에 대해서는 감사를 한다. 그러나 당연한 것에 대해서는 감사치 않는다. 주님에 대한 감사의 고백은 주님을 사랑한다는 고백과 같은 것이다. '범사에 감사하라'라는 말은 다가오는 모든 일상을 주님의 섭리로 보고 감사하라는 의미이다. 일상을 감사하면서 인생의 씨줄과 날줄을 엮어갈 때 성령 충만한 삶을 살게 된다.

크로노스를 카이로스로

성숙이란 '특별'에서 '보통'으로, '기적'에서 '일상'으로 가는 것이다. 이스라엘 백성이 광야에서 기적 같은 하나님의 만나를 선물 받았다. 그러나 하나님은 가나안으로 인도하신 후, 만나를 그치시고 씨를 뿌려 열매를 거두는 일상으로 인도하셨다.

그런데 여기서 또 다른 역전(逆轉)이 일어난다. 주님이 인도하신 일상을 최상으로 가꾸면 '일상'은 다시금 '특별'이 되고 '기적'이 된다. 특별한 것이 없는 일상의 시간 '크로노스'를 최상으로 가꾸면 하나님의 결정적인 시간 '카이로스'가 되는 것이다.

일상적인 크로노스를 하나님의 결정적인 시간 카이로스로 삼은 대표적인 인물이 다윗이다. 유진 피터슨은 다윗의 삶에 특별한 기적이 없었다는 사실에 놀랐다.

"나는 다윗의 이야기에는 단 한 번의 기적도 없다는 사실을 깨닫고 굉장히 놀란 적이 있다. 단 한 번도 기적이 없다."[55]

참 놀라운 일이다. '하나님 마음에 맞는 사람'(행 13:22)이라는 존칭을 얻으며 이스라엘 역사, 아니 구약의 모든 역사 가운데 가장 상징적인 인물인 다윗의 생애에 기적이 없었다니!

다윗은 매일 땅 냄새, 땀 냄새 물씬 나는 먼지 속에서 양 떼를 지켜왔다. 심지어는 선지자 사무엘이 집에 찾아왔을 때도 막내아들이었던 다윗만은 양을 지키고 있었다. 양을 물어가는 맹수들을 향해 돌팔매질을 하며 치열하게 양들을 지켜냈다. 다윗은 일상과 현장을 신실하게 지키는 사람이었다. 다윗이 그 유명한 거인 골리앗을 만난 것은 전쟁터에 있는 형들에게 도시락을 전할 때였다.

시편 78편을 보면 하나님이 다윗을 부르신 이유가 나온다.

또 그의 종 다윗을 택하시되 양의 우리에서 취하시며 젖 양을 지키는 중에서 그들을 이끌어 내사 그의 백성인 야곱, 그의 소유인 이스라엘을 기르게 하셨더니 이에 그가 그들을 자기 마음의 완전함으로 기르고 그의 손의 능숙함으로 그들을 지도하였도다 시 78:70-72

'그의 종 다윗을 택하시되 양의 우리에서 취하시며'는 무슨 의미인가? 하나님은 다윗을 일상의 현장에서 부르셨다는 것이다. 신실하게 일상을 꾸미고 있던 다윗을 불러내서서 골리앗 앞에 세우고, 마침내 이스라엘의 왕이 되게 하신 것이다. 신실한 크로

노스가 결정적인 카이로스로 이어진 것이다.

'선물'을 가리키는 'present'는 '현재'를 의미하기도 한다. 현재가 선물이다. 지금 여기의 일상이 선물이다. 일상 속에서 웃고, 감사하고, 감동하고, 나누는 삶을 산다면 가장 축복 받은 사람이다.

그리하여 하나님은 지금 내가 앉아 있는 자리가 선물이요 꽃자리라고 하신다. 주님이 이렇게 말씀하시는 것 같지 않은가?

"사랑하는 자여,

반갑고 고맙고 기뻐하여라.

너의 앉은 그 자리가

바로 꽃자리니라."

「몸을 구부려야 보이는 세계가 있다」

헤르만 헤세 | 동방순례

———————— 전쟁 이후에 순례자들은 영적, 정신적 각성을 위해 동방으로 순례를 떠난다. 순례 도중에 멸시와 방해를 받기도 했고, 젊은이들이 동참해 함께 걷는 좋은 체험도 한다. 이러한 순례 길에 가장 힘이 되어 주는 사람이 있었다면, 단연 하인 레오(Leo)이다. 그는 허드렛일을 하면서 섬기고, 노래를 부르거나 악기를 연주하며, 지친 여정 속에서 쉼터가 되어 주었다. 불평이나 하소연을 들어주었고, 가야 할 방향을 친절하게 안내하고, 격려도 해 주었다.

잘 진행 중이던 순례는 어느 날 하인 레오가 실종된 후 혼란에 빠진다. 순례자들은 서로 갈등하게 되고 무기력해졌으며 믿음이 사라지고 가치와 의미를 잃게 되었다. 그때 비로소 그들은 사라진 레오 같은 사람이 진정한 리더가 아닌가 깨닫게 된다. 그리고 후일에 하인 레오가 사실은 그들이 속한 교단의 지도자였다는 사실이 밝혀진다. 지도자가 하인이 되어 그들과 함께했던 것이다. 헤르만 헤세의 〈동방순례〉 이야기다.

섬김의 리더십이 요구되다

미국 전신전화회사 AT&T의 로버트 K. 그린리프 부회장은 1977년 《서번트 리더쉽》을 저술한다. 그가 제시한 서번트 리더십, 즉 '섬김의 리더십'은 이후 피터 드러커, 스티븐 코비, 워런 베니스 등과 같은 세계적인 리더십의 대가들에게 영향을 미치면서 21세기에 가장 필요한 리더십의 전형이 되었다.

그린리프는 자신의 《서번트 리더십》을 바로 헤르만 헤세의 〈동방순례〉에서 영향을 받아 집필했다고 했다. 그러면서 '서번트 리더십이란, 타인을 위한 봉사에 초점을 두며, 사원, 고객 및 공동체를 우선으로 여기고, 그들의 요청을 만족시키기 위해 섬기는 리더십'이라고 정의했다.

이제껏 내려왔던 리더십은 '다스리는 리더십'이 대부분이었다. 다스리는 리더십은 봉건주의 사회에서 귀족이 평민을 권위로 다스리는 데서 발전되어 내려온 것이다. 그러므로 다스리는 리더십은 신분 또는 계급에 따르는 권위에 의한 강압으로 이루어진다. 반면 섬기는 리더십은 상대의 마음을 움직여 그로 인해 자발적으로 생기는 충성심을 근거로 이루어진다.

이준영의 저서인 《구글은 SKY를 모른다》를 보면 구글의 리더 철학이 나온다.

🔱

리더는 일을 시키는 사람이 아니고 같이 일하는 사람이며, 디지털 세상에서 리더는 더 이상 상사로 군림하지 않는다. 팀 안에서 서로를 존중하며 함께 일해야 하는, 역할이 조금 다른 사람일 뿐이다.[56]

현대 사회에서 군림하는 리더는 서서히 설 자리가 없어진다. 이제는 섬김의 리더십이 중요하다.

몸을 구부리고 섬겨야 보이는 세계가 있다. 백두산과 한라산을 이루고 있는 것은 크고 수려한 나무뿐 아니라, 이름 모를 작은 야초(野草)들이다. 이들은 몸을 구부려야 보인다. 하나님의 나라는 낮아지고 섬길 때 보인다. 섬김의 마음은 하나님의 은혜를 담는 그릇이다. 물이 높은 곳에서 낮은 곳으로 흐르듯이, 하나님의 은혜도 높은 마음이 아니라 낮은 마음에 담긴다.

우리는 흔히 '기둥 같은 사람이 되라'고 한다. 그런데 '기둥'이라는 말을 '우뚝 선 최고의 존재'라는 식으로 많이 오해한다. '기둥'의 참 의미는 그렇지 않다. 기둥을 잘 보자. 기둥이 혼자 세워져 있으면 폐허이다. 기둥이 있음으로 벽이 세워지고 지붕이

엎어질 때, 비로소 기둥에게 존재감이 주어진다. 따라서 기둥 같은 사람이란, 이웃을 버티게 해 주고 세워주는 섬김의 사람을 의미한다. 상큼한 들꽃들의 축제를 보라. 꽃들이 아름다운 것은 그 배경이 되어주는 파란 하늘과 들판, 그리고 싱그러운 바람이 있기 때문이다.

"나를 배경으로 마음껏 피어나세요!"

기둥은 바로 그런 존재이다.

보스가 아닌 리더가 되라

그러나 사실 섬김의 리더십은 헤르만 헤세나 그린리프가 주장하기 전에, 이미 예수님이 말씀하신 성경적 리더십의 핵심이었다. 예수님의 말씀을 들어 보자.

예수께서 제자들을 불러다가 이르시되 이방인의 집권자들이 그들을 임의로 주관하고 그 고관들이 그들에게 권세를 부리는 줄을 너희가 알거니와 너희 중에는 그렇지 않아야 하나니 너희 중에 누구든지 크고자 하는 자는 너희를 섬기는 자가 되고 너희 중에 누구든지 으뜸이 되고자 하는 자는 너희의 종이 되어야 하리라 마 20:25-27

예수님은 세상의 리더십과 성도가 지녀야 할 리더십의 차이에 대해 기막히게 설명하셨다. 세상의 권력자들은 군림하는 리더십으로 다스리지만, 성도들은 섬김의 리더십으로 살아야 한다는 것이다.

리더는 보스와 다르다. 리더는 섬기려 하고, 보스는 군림하려 한다. 세상에는 군림하려는 보스는 많지만 섬기려는 리더는 적다. 논설위원인 홍사중 교수는 리더와 보스의 차이를 이렇게 설명했다.

✺

리더는 사람들을 이끌고 간다. 보스는 사람들을 몰고 간다.

리더는 선의에 의존한다. 보스는 권위에 의존한다.

리더는 회초리를 필요로 하지 않는다. 보스는 늘 회초리를 필요로 한다.

리더는 '우리'라고 말한다. 보스는 '나'라고 말한다.

리더는 '가자'고 권한다. 보스는 '가라'고 명령한다.

리더는 앞에서 공개적으로 일한다. 보스는 등 뒤에서 일한다.

리더는 남을 믿는다. 보스는 남을 믿지 않는다.

리더는 희망을 준다. 보스는 겁을 준다.

리더는 존경을 모은다. 보스는 복종을 요구한다. (중략)

리더는 권위를 쌓는다. 보스는 권력을 쌓는다.

리더는 타협을 잘하고 대화를 즐긴다. 보스는 타협을 모르고 대화를 거부한다.

리더에게는 귀가 여러 개 있다. 보스에게는 귀가 없다. 정확히 말하자면 듣기 좋은 말만 듣는 귀 하나만 가지고 있다.

리더는 무엇이 잘못되었는가를 알려준다. 보스는 누가 잘못하고 있는가를 지적한다.

리더는 자기 말에 책임을 진다. 보스는 자기 말도 무시한다.

리더는 지지자를 만든다. 보스는 부하만을 만든다.

리더는 권위마저도 즐기지 않는다. 보스는 권력을 즐긴다.

리더는 권력이란 하나의 수단에 지나지 않는다고 여긴다. 보스는 권력이 전부라고 생각한다.

리더는 후계자의 짐을 덜어준다. 보스는 후계자에게 무거운 짐만 떠넘긴다.

리더는 앞에서 이끈다. 보스는 뒤에서 호령한다.[57]

보스는 이웃을 희생해서도 나의 성공을 추구하고, 리더는 나를 낮추어 이웃의 인생을 꽃피우게 한다. 카우보이와 목자도 다르다. 카우보이는 양의 뒤에서 양들을 몰아가지만, 목자는 양들 앞에 서서 역경을 헤치며 이끈다. 설탕과 소금도 다르다. 설탕은 자기 맛을 내려 한다. 그러나 소금은 자신이 녹아지면서 남의 맛을 내어 준다. 이러한 '들러리 신앙', '섬김의 신앙'이 예수님의 모습이었다. 예수님은 만왕의 왕이신 동시에 섬김의 왕이셨다. 예수님은 자신이 오신 이유와 목적을 이렇게 말씀하셨다.

인자가 온 것은 섬김을 받으려 함이 아니라 도리어 섬기려 하고
자기 목숨을 많은 사람의 대속물로 주려 함이니라 마 20:28

예수님은 인간 위에 군림하기 위해서가 아니라, 죄와 허물로
죽어 있는 우리를 살리시려 종의 모습으로 오신 것이다.

섬김의 왕으로 오신 예수님

우리 시대의 영성 신학자인 리처드 포스터는 이렇게 말했다.

"예수님이 말씀하신 영적 권위는 지위나 혹은 직함에서 찾는
권위가 아니라 수건에서 찾는 권위이다."[58]

진정한 왕은 섬김의 왕이다. 수건을 허리에 차고 제자들의 발
을 씻겨 주시던 주님이야말로 진정한 만왕의 왕이시다.

기독교가 인류에 끼친 큰 공헌 중의 하나는, 낮은 사람을 발
견해 그들을 섬긴 것이다. 기독교는 소외된 여자를 발견했다.
흑인을 발견했고, 노예를 발견하고, 장애인을 발견했다. 그리하
여 이들이 모두 똑같이 하나님의 형상대로 지음을 받은 존귀한
영혼으로 살게끔 섬겼다. 기독교가 섬김의 리더십을 온전히 행
할 때 빛과 소금의 역할을 다 할 수 있다.

자신만 잘 되기를 바라는 마음을 '욕망'이라고 하고, 이웃도
같이 잘 되기를 바라는 마음을 '사랑'이라고 한다. 욕망이 실현
되기 위해서는 '타인의 희생'이 필요하고, 사랑이 실현되기 위해

서는 '나의 섬김'이 필요하다.

혼히들 행복은 관계 속에 있다고 한다. 사람들이 나를 좋아하고 나도 사람들을 좋아하고, 나 때문에 내가 속한 공동체가 웃고 소망이 넘치는 삶을 산다면, 그것이 바로 복의 근원이 되는 삶이다. 이런 삶은 어떻게 가능할까? 바로 섬김의 종이 되는 것이다. 군림하고 지배하려는 모습이 아니라 종이 되어 섬기는 사람을 모두가 좋아한다.

별과 꽃을 보라. 별과 꽃이 자기 자랑만 하려고 할 때, 타락이 시작된다. 별은 비추어 주기에 별이고, 꽃은 웃어 주기에 꽃이다. '꽃'이라는 뜻의 영어 'flower'를 보면 '낮은'이라는 의미의 'low'가 들어 있다. 꽃은 자신을 낮추며 웃어 줄 때 참 꽃이다. 별이 제 한 몸을 태워 어두운 길을 비춰 줄 때 진정한 스타이다. 불이 붙지 않은 초가 백 년을 산다 해도, 그건 산 것이 아니다. 초는 제 머리에 불을 붙여 어둠을 밝혀 주면서부터 삶이 시작되는 것이다. 물은 자신을 주장하지 않으며 낮은 곳으로 흘러가서 만물을 키워줄 때 참 물이 된다.

그렇다. 하늘나라에서 큰 자, 으뜸인 자는 종이 되어 섬기는 자이다. 남을 이기면 일등이 되고, 남을 섬기면 일류가 된다. 일등도 좋지만, 주님은 우리를 일등을 위해서 부르시지 않았고, 일류의 삶을 살라고 부르셨다. 어둠을 비추어 주는 별, 낙심한 이웃에게 웃음을 주는 꽃이 되라고 부르셨다. 척박한 이 세상에 진정 필요한 리더는 예수님과 같은, 레오와 같은 섬김의 리더이다.

"나는 준다"의 미래형, "나는 얻는다"

애덤 그랜트 | 기브 앤 테이크

어느 선생님이 아이들에게 과거, 현재, 미래 시제를 연습시키기 위해 시험문제를 냈다.

"'나는 준다'의 미래형은 무엇일까요?"

어느 학생이 이런 답안을 제출했다.

"나는 받는다."

문법적으로 틀린 답이지만 삶의 이치로 보면 맞는 답이다. "나는 준다"의 미래형은 "나는 받는다"이다. 나를 도와주는 사람의 숫자는 내가 도와준 사람의 숫자와 같다. 성경에 나오는 가장 진실하면서도 경외스러운 법칙이 하나 있다면, "사람이 무엇으로 심든지 그대로 거두리라"(갈 6:7)라는 진리이다. 세상의 법칙도 그러하고, 하늘의 법칙은 더욱 그러하다. 가는 정이 있어야 오는 정이 있다. 콩 심은 데 콩 나고, 팥 심은 데 팥 나고, 안 심은 데는 안 난다!

누가 최종 승자가 될까?

세계적인 베스트셀러 《기브 앤 테이크》의 저자인 애덤 그랜트와의 인터뷰를 소개한 국내 기사의 제목은 "호구의 재발견… '베푸는 자가 성공한다'"였다.[59] 《기브 앤 테이크》는 척박한 현실 가운데서도 이웃에게 베풀고자 하는 이른바 '착한 사람'이 성공할 수 있다는 실례를 보여 준다.

저자 애덤 그랜트는 하버드대 심리학과를 수석으로 졸업하고, 31세에 세계 3대 경영대학원인 와튼 스쿨에서 최연소 종신교수이자, 3년 연속 최우수 강의 평가상에 빛나는, 세계적인 조직심리학 교수이다. 《기브 앤 테이크》는 출간 전부터 〈뉴욕타임스〉에 커버스토리로 다뤄지면서 폭발적인 화제를 일으켰다.

보편적인 이론에 따르면 성공을 이룬 사람에게는 세 가지 공통점이 있다고 한다. 능력, 성취동기, 기회다. 즉, 성공을 이루기 위해서는 타고난 재능과 함께 후천적으로 열심히 노력해야 하고, 여기에 환경적 요인으로써 기회도 따라주어야 한다는 것이다. 여기서 애덤 그랜트는 성공에 있어서 아주 중요하지만 사람들이 간과하는 네 번째 요소로 '타인과의 상호작용'을 제시한다. 애덤 그랜트의 말을 직접 들어보자.

통념에 따르면 커다란 성공을 이룬 사람에게는 세 가지 공통점이 있다. 그것은 바로 능력, 성취동기, 기회다. 성공을 거두려면 재능을 타고나는 것은 물론 열심히 노력해야 하고 기회도 따라주어야 한다. 그런데 (중략) 네 번째 요소가 등장한다. 그것은 '타인과의 상호작용'이 성공에 큰 영향을 미친다는 사실이다.[60]

사람은 '관계적 존재'이다. 관계를 떠나서는 존재의 의미가 약해진다. 주고받는 것은 관계의 기본이며 본질이다. 관계란 한마디로 주고받음을 지속하는 것이다. 사업자들을 만나면 가장 많이 듣는 말 중의 하나가 '기브 앤 테이크'이다. 받기만 할 게 아니라 하나 주고 하나 받는 게 사업이라는 것이다. 내가 이득을 취하는 것만큼이나 상대방도 뭔가 얻는 게 있어야 거래가 이루어진다. 내가 얻을 것만 생각하면 도둑놈 심보가 된다. 거래는 커녕 기본도 모르는 사람이라며 왕따를 당하게 된다.

저자는 타인과 상호작용이라는 면을 중심으로 사람을 기버(Giver), 테이커(Taker), 매처(Matcher)라는 세 부류로 구분한다. 기버는 받은 것보다 더 많이 주기를 좋아하는 사람이다. 반면 테이커는 주는 것보다 더 많이 받기를 원하는 사람이다. 매처는 받은 만큼 되돌려주는 사람이다.

매처는 기버와 테이커 사이에서 균형을 잡으려는 듯한 모습을 보인다. 그리고 자기 이익에 가장 민첩하고 유능한 듯 보이는 테이커가 사회에서 성공할 가능성이 높은 것 같지만, 저자는 성공할 가능성이 높은 사람은 기버라고 한다. 그러면서 겸손한 세일즈맨, 말더듬이 변호사, 학생들보다 어린 교수 등 수많은 사례를 찾아서 '주는 자'가 결국 승리한다는 것을 논증적으로 보여 준다. 즉, '주는 사람'이 되어 '남을 먼저 배려하는 사람'이라는 명성을 얻으면, 마법같이 끌어당기는 힘이 생겨서, 그 혜택이 결국은 자신에게 돌아온다는 것이다.

주는 자가 행복하다

세계적인 천재 학자가 깊은 연구를 통해 발견한 것이 바로 '사심 없이 주는 사람'이 승리자가 된다는 평범한 진리이다. 그러나 이 진리는 이미 우리 주님이 말씀하신 것이다.

또 주 예수께서 친히 말씀하신 바 주는 것이 받는 것보다 복이 있다 하심을 기억하여야 할지니라 행 20:35

사람들은 '주고 나중에 받는 것'은 손해라고 생각한다. 기브 앤 테이크가 아닌 테이크 앤 기브(Take and Give)를 하려고 한다. 그러나 사심 없이 먼저 주는 사람이 결국에는 승리한다.

설득에 관한 세계적인 명저, 로버트 치알디니 교수의 《설득의 심리학》에서도, 최상의 설득을 하려면 '먼저 주어서' 상대방으로

하여금 고마움에 빚진 상태를 만들라고 했다. 남에게 도움을 베푸는 것이 자신의 영향력을 높이는 데 결정적인 도움이 된다는 것이다.

어떤 사람이 새 자전거를 닦고 있을 때 한 아이가 다가와 물었다.

"아저씨, 이 자전거 비싸요?"

자전거 주인이 대답한다.

"몰라, 이 자전거는 우리 형님이 주신 거란다."

그러자 아이는 부럽다는 듯 "나도…"라고 말을 꺼냈다. 자전거 주인은 당연히 아이가 "나도 그런 형이 있어서 이런 자전거를 받았으면 좋겠다"라고 말할 줄 알았다. 그런데 아이의 말은 뜻밖이었다.

"나도 그런 형이 될 수 있으면 좋겠어요. 내 동생은 심장병이 있는데, 조금만 움직여도 숨을 헐떡여요. 나도 내 동생에게 이런 멋진 자전거를 사 줄 수 있는 형이 되고 싶어요!"

늘 도움을 받는 동생이 되고 싶어 하는 사람이 있고, 도움을 주는 형님이 되고픈 사람이 있다. 더 많이 받지 못했다고 늘 불평하는 사람이 있고, 더 주지 못해서 미안하다고 늘 안타까워하는 사람이 있다.

다시 반복해 보자. 주는 것보다 더 많은 이익을 챙기려는 '테이커'보다, 받는 만큼만 준다는 '매처'보다, 자신의 이익보다 다른 사람을 먼저 생각하는 '주는 자' 즉 '기버'가 가장 아름답고 행복하다. 먼저 주고, 먼저 말을 건네고, 먼저 전화하고, 먼저 인사하는 사람, 먼저 밥을 사고 먼저 사과하는 사람, 먼저 주는 사람이 복되다.

움켜쥐려고만 하는 사람은 아직 어둠 속에서 잠자는 사람이고, 나누어 주려는 사람은 깨어 있는 사람이다. 하나님은 존재하는 모든 것들이 함께 어울려 나눔으로 살아가게끔 창조하셨다. 나눔은 하나님이 창조하신 만물의 존재 방식이다. 그리하여 하나님이 우리 인생을 결산하실 때 보시는 것은 우리가 얼마나 벌었느냐가 아니라 얼마나 나누어 주었는가 하는 것이다.

무디 신학교의 학장이었던 조지 스위팅은 이렇게 말했다.

🎄

우리 인생의 끝을 맞이하게 될 때에 우리에게 던져지는 질문은 '살아생전에 얼마나 많이 벌었느냐?'가 아니라 '평생에 얼마나 많은 것을 드렸느냐?'가 될 것입니다. 또한 '얼마나 많은 돈을 저축했느냐?'가 아니라 '얼마나 많은 희생을 했느냐?' 하는 것이 우리 모두에게 던져지는 질문일 것입니다. 우리 모두는 기식자(寄食者)가 아니라 생산자가 되어야 하며, 받는 자가 아니라 주는 자가 되어야 합니다.[61]

'십시일반'(十匙一飯)이라는 말이 있다. 밥 열 숟가락을 모아 한 사람의 끼니를 마련한다는 의미이다. 옛적 우리 어머니들은 집집마다 부뚜막에 조그만 항아리를 놓아두고 곡식을 한 숟가락씩 모아 어려운 이웃에게 나누어 주곤 했다.

수많은 주님의 백성이 배불리 먹은 오병이어의 역사는 한 어린 아이가 자신의 떡 다섯 개와 물고기 두 마리를 나눔으로부터 시작되었다. 우리 주님은 나눔의 최고봉으로 자기 자신을 십자가에서 나누어 주셨다.

사랑을 나눔으로 슬픔은 반으로 줄고, 기쁨은 배가 된다. 그래서 나눔은 세상의 어둠을 밝히는 빛이다. 작고 작은 눈과 눈이 모이고 모여서 온 세상을 덮듯이, 작은 친절, 작은 배려, 작은 나눔도 모이고 모이면 온 세상을 바꿀 수 있다.

이웃에게 나누어 준다고 할 때, 꼭 물질적인 것만 있는 것이 아니다. 또한 나눔은 꼭 큰 것만도 아니다. 맑은 눈빛, 다정한 얼굴, 축복의 인사, 반기는 미소, 위하는 마음, 위하는 손길, 위하는 기도, 위로의 말과 글, 격려의 박수, 따뜻한 포옹, 함께 있어 주는 것, 겸손과 배려…. 이 모든 것이 나누어 주는 것이다. 그러니 부하게 가진 자뿐만 아니라 누구라도 나누어 줄 수 있는 것이다.

땅에서 심어 하늘에서 거두다

주님은 나누어 주는 사람에게 이런 복을 약속하셨다.

주라 그리하면 너희에게 줄 것이니 곧 후히 되어 누르고 흔들어

넘치도록 하여 너희에게 안겨 주리라 눅 6:38

샘물을 퍼내면 퍼낼수록 맑은 물이 올라오듯이, 우리의 삶은 나눔으로 더 풍성해진다. '기브 앤 테이크'가 '기브 앤 해피'가 된다. 한 개의 촛불로 많은 촛불에 불을 붙여도 처음 촛불의 빛이 약해지지는 않는다. 신기하게도 남에게 많이 나누어 줄수록 자신은 더욱 풍요로워진다. 주님이 채워 주시기에 그러하다. 게다가 보너스까지 얻게 된다. 넘치는 감사와 기쁨, 마음의 행복과 평화, 풍요로움과 따뜻함, 이웃과의 관계 회복 등, 그 보너스는 이루 다 헤아릴 수가 없다. 이웃을 돕는 한 송이 꽃 때문에 세상이 아름다워지고, 세상의 아름다움이 그대로 되돌아와 자신도 더욱 아름다워진다. 결국 이웃에게 나누어 주는 것은 자신을 풍요롭게 하는 길이다.

어느 가스펠송 가사처럼 사랑을 줄 수 없을 만큼 가난한 사람도 없고, 사랑을 받지 않아도 될 만큼 부요한 사람도 없다. 하나님이 우리에게 복을 주신 이유는 이웃과 나누라고 주신 것이다.

이 땅의 이야기에서 하늘 이야기로 한걸음 더 나아가 보자. 이 세상에서 가장 불쌍한 사람은 이 땅에만 모든 것을 심은 사람이다. 이런 사람에게는 시간이 흐를수록 존재론적인 불안과 두려움이 엄습한다. 하늘에 쌓아둔 것이 없기에 이 세상을 떠나는 것을 그토록 두려워한다. 이 땅에 살되, 하늘을 바라보며 전

도와 선교와 구제의 하늘 보물을 쌓아야 한다. '이 땅에서 심다'
의 미래형은 '하늘에서 거둔다'이다.

오직 너희를 위하여 보물을 하늘에 쌓아 두라 거기는 좀이나
동록이 해하지 못하며 도둑이 구멍을 뚫지도 못하고 도둑질도
못하느니라 마 6:20

후주

1) 강신주 외 6인, 《나는 누구인가》 (서울: 21세기북스, 2016), p.85.

2) 이어령, 《젊음의 탄생》 (서울: 마로니에북스, 2013), p.223.

3) 김영한, "지나친 인문학 열풍을 경계하라", 〈목회와 신학〉 2011년 10월호.

4) 이상준, 《예수의 고품격 유머》 (서울: 오피니언리더커뮤니티, 2009), p.56.

5) 이어령, 《소설로 떠나는 영성순례》 (서울: 포이에마, 2014), p.8.

6) 이성복, 《네 고통은 나뭇잎 하나 푸르게 하지 못한다》 (서울: 문학동네, 2014),
   p.216.

7) 박웅현, 《여덟 단어》 (서울: 북하우스, 2013), pp.81-82.

8) C. S. 루이스, 《순전한 기독교》, 장경철·이종태 역 (서울: 홍성사, 2016), p.215.

9) F. W. 니체, 《짜라투스트라는 이렇게 말했다》, 사순옥 역 (서울: 홍신문화사, 2006),
   pp.145-146.

10) 이어령·이재철, 《지성과 영성의 만남》 (서울: 홍성사, 2012), p.19.

11) 신영복, 《감옥으로부터의 사색》 (서울: 돌베개, 2010), p.325.

12) 레너드 스윗, 《넛지 전도》 유정희 역 (서울: 두란노, 2016), p.134.

13) 유발 하라리, 《사피엔스》 조현욱 역 (서울: 김영사, 2015), p.588.

14) 신영복, 《담론》 (서울: 돌베개, 2015), p.73.

15) 한병철, 《피로사회》 김태환 옮김 (서울: 문학과지성사, 2012), p.92.

16) 한병철, 동일한 책, p.24.

17) 이인환, 《고래여 춤추지 말라》 (서울: 도어즈, 2015), pp.20-23.

18) 마더 데레사, 《마더 데레사의 아름다운 선물》 이해인 역 (서울: 샘터, 2010), p.22.

19) 무라카미 하루키, 《1Q84》 양윤옥 역 (서울: 문학동네, 2010), pp.152-153.

20) 닉 부이치치, 《허그》 최종훈 역 (서울: 두란노, 2010), p. 82.

21) 이어령, 《젊음의 탄생》 (서울: 마로니에북스, 2013), pp. 192-193.

22) 정철, 《내 머리 사용법》 (서울: 리더스북, 2009), p. 67.

23) 강신주, 《상처 받지 않을 권리》 (서울: 프로네시스, 2009), p. 138.

24) 이외수, 《감성사전》 (서울: 동숭동, 2013), p. 82.

25) 레베카 드영, 《허영》 김요한 역 (서울: 두란노, 2015), p. 24.

26) 레베카 드영, 동일한 책, p. 87.

27) 블레즈 파스칼, 《팡세》 김형길 역 (서울: 서울대학교출판문화원, 2015), p. 348.

28) 장영희, 《살아온 기적 살아갈 기적》 (서울: 샘터, 2010), pp. 131-132.

29) 스티븐 코비, 《내 인생 최고의 날》 김경섭 역 (서울: 김영사, 2012), p. 286.

30) 이어령, 《젊은이여 한국을 이야기하자》 (서울: 문학사상사, 2009), p. 351.

31) 천양희, 《천양희의 시의 숲을 거닐다》 (서울: 샘터사, 2006), p. 7.

32) 정주영, 《시련은 있어도 실패는 없다》 (서울: 제삼기획, 2009), p. 46.

33) 김훈, 《흑산》 (서울: 학고재, 2011), p. 200.

34) 이외수, 《마음에서 마음으로》 하창수 편 (서울: 김영사, 2013), p. 39.

35) 래리 크랩, 《깨어진 꿈의 축복》 이혜진 역 (서울: 살림, 2009), p. 110.

36) 래리 크랩, 동일한 책, pp. 14-15.

37) 김정태, 《스토리가 스펙을 이긴다》 (서울: 갤리온, 2010), pp. 16-17.

38) 롤프 옌센, 《드림 소사이어티》 서정환 역 (서울: 리드리드출판, 2014), p. 12.

39) 조병량 외, 《광고 카피의 이론과 실제》 (서울: 나남출판사, 2010), p. 214.

40) 미즈키 아키코, 《퍼스트클래스 승객은 펜을 빌리지 않는다》 윤은혜 역 (서울: 중앙북스, 2013), pp. 27-28.

41) 기시미 이치로·고가 후미타케, 《미움받을 용기》 전경아 역 (서울: 인플루엔셜, 2014), pp. 188-189.

42) 기시미 이치로·고가 후미타케, 동일한 책, p. 189.

43) 미겔 데 세르반데스, 《돈키호테》 김정구 역 (서울: 푸른숲주니어, 2007), p. 41.

44) 김대조, 《나는 죽고 교회는 살아야 한다》 (서울: 두란노, 2012), 표지글.

45) 마커스 버킹엄·도널드 클리프턴, 《위대한 나의 발견 강점혁명》 박정숙 역 (서울: 청림 출판, 2013), p. 36.

46) 피터 드러커, 《피터 드러커 경영 바이블》 피터 드러커 소사이어티 역 (서울: 청림출판, 2006), p. 101.

47) 피터 드러커, 《프로페셔널의 조건》 이재규 역 (서울: 청림출판, 2001), pp. 174-175.

48) 임희택, 《망각의 즐거움》 (서울: 한빛비즈, 2013), p. 8.

49) 임희택, 동일한 책, p. 40.

50) 박경화, 《고릴라는 핸드폰을 미워해》 (서울: 북센스, 2011), pp. 23-24.

51) 막스 피카르트, 《침묵의 세계》 최승자 역 (서울: 까치출판사, 2010), p. 31.

52) 홍자성, 《채근담》 박승원 역 (서울: 소울메이트, 2014), p. 55.

53) 에르네스트 르낭, 《예수의 생애》 최명관 역 (서울: 창출판사, 2010), pp. 326-327.

54) 마이클 프로스트, 《일상, 하나님의 신비》 홍병룡 역 (서울: IVP, 2002), p. 17.

55) 유진 피터슨, 《다윗: 현실에 뿌리박은 영성》 이종태 역 (서울: IVP, 2009), p. 22.

56) 이준영, 《구글은 SKY를 모른다》 (서울: 알투스, 2014), p. 172.

57) 홍사중, 《리더와 보스》 (서울: 사계절, 2015), pp. 79-81.

58) 리처드 포스터, 《영적 훈련과 성장》 권달천·황을호 역 (서울: 생명의말씀사, 2009), p. 208.

59) 장일현, "호구의 재발견…. '베푸는 자가 성공한다'", 〈조선일보〉 2013. 7. 20.

60) 애덤 그랜트, 《기브 앤 테이크》 윤태준 역 (서울: 생각연구소, 2013), p. 19.

61) 조지 스위팅, 《구원의 확신과 영적 성숙》 박천일 역 (서울: 한국문서선교회, 2010), pp. 181-182.

인문학을 하나님께 1

초판 1쇄 발행　2018년 4월 25일
초판 25쇄 발행　2024년 12월 24일

지은이　　　　한재욱

펴낸이　　　　여진구
책임편집　　　김아진
편집　　　　　이영주 박소영 최현수 구주은 안수경 김도연 정아혜
책임디자인　　노지현 | 마영애 조은혜 정은혜
홍보·외서　　진효지
마케팅　　　　김상순 강성민　　　　　　　　마케팅지원　최영배 정나영
제작　　　　　조영석 허병용　　　　　　　　경영지원　　김혜경 김경희

303비전성경암송학교 유니게 과정
이슬비전도학교 / 303비전성경암송학교 / 303비전꿈나무장학회

펴낸곳　　　　규장

주소　06770 서울시 서초구 매헌로 16길 20(양재2동) 규장선교센터
전화　02)578-0003　팩스　02)578-7332
이메일　kyujang0691@gmail.com　　　　　　홈페이지　www.kyujang.com
페이스북　facebook.com/kyujangbook　　　　인스타그램　instagram.com/kyujang_com
카카오스토리　story.kakao.com/kyujangbook
등록일　1978.8.14. 제1-22

ⓒ 저자와의 협약 아래 인지는 생략되었습니다.
이 출판물은 저작권법에 의해 보호를 받는 저작물이므로 무단 전재와 무단 복제를 할 수 없습니다.

책값　뒤표지에 있습니다.
ISBN 978-89-6097-534-7 03230

규 | 장 | 수 | 칙

1. 기도로 기획하고 기도로 제작한다.
2. 오직 그리스도의 성품을 사모하는 독자가 원하고 필요로 하는 책만을 출판한다.
3. 한 활자 한 문장에 온 정성을 쏟는다.
4. 성실과 정확을 생명으로 삼고 일한다.
5. 긍정적이며 적극적인 신앙과 신행일치에의 안내자의 사명을 다한다.
6. 충고와 조언을 항상 감사로 경청한다.
7. 지상목표는 문서선교에 있다.